Schriften zum österreichischen und internationalen Universitäts- und Hochschulrecht

hrsg von Günther Löschnigg und Bernd-Christian Funk

Band 8

Günther Löschnigg/Alexander Scala

Das „Klinisch-Praktische Jahr“

Zur Beschäftigung von Studierenden der Humanmedizin

ÖGB VERLAG

Die Texte in diesem Buch sind von den Herausgebern und vom Verlag sorgfältig erwogen und geprüft, dennoch kann eine Garantie nicht übernommen werden. Eine Haftung der Herausgeber bzw des Verlages oder der Herausgeber und ihrer Beauftragten für Personen-, Sach- und Vermögensschäden ist ausgeschlossen.

Bitte beachten Sie unsere Website:
www.oegbverlag.at

Schriften zum österreichischen und internationalen Universitäts- und Hochschulrecht
Günther Löschnigg/Bernd-Christian Funk (Hrsg)

Umschlaggestaltung: Kurt Schmidt

Medieninhaber: Verlag des ÖGB GmbH, Wien

Hersteller: Verlag des ÖGB GmbH, Wien
Verlags- und Herstellungsort: Wien
Printed in Austria
ISBN 978-3-99046-071-9

Inhaltsverzeichnis

Abkürzungsverzeichnis

ÄAO	Ärztinnen-/Ärzte-Ausbildungsordnung 2006, BGBl II 286/2006
AB	Ausschussbericht
ABGB	Allgemeines bürgerliches Gesetzbuch, JGS 946/1811
ABl	Amtsblatt der Europäischen Union
Abs	Absatz
AlVG	Arbeitslosenversicherungsgesetz 1977, BGBl 609/1977
AngG	Angestelltengesetz, BGBl 292/1921
Anm	Anmerkung
Arb	Sammlung arbeitsrechtlicher Entscheidungen
ArbVG	Arbeitsverfassungsgesetz, BGBl 22/1974
ARD	ARD-Betriebsdienst (Aktuelles Recht zum Dienstverhältnis)
ARG	Arbeitsruhegesetz, BGBl 144/1983
Art	Artikel
ÄrzteG	Ärztegesetz 1998, BGBl 169/1998
ASchG	ArbeitnehmerInnenschutzgesetz, BGBl 450/1994
ASGG	Arbeits- und Sozialgerichtsgesetz, BGBl 104/1985
ASoK	Arbeits- und Sozialrechtskartei
ASVG	Allgemeines Sozialversicherungsgesetz, BGBl 189/1955
AuslBG	Ausländerbeschäftigungsgesetz, BGBl 218/1975
AVRAG	Arbeitsvertragsrechts-Anpassungsgesetz, BGBl 459/1993
AZG	Arbeitszeitgesetz, BGBl 461/1969
BAG	Berufsausbildungsgesetz, BGBl 142/1969
BDG	Beamten-Dienstrechtsgesetz 1979, BGBl 333/1979
BEinstG	Behinderteneinstellungsgesetz, BGBl 22/1970
Bespr	Besprechung
BGBl	Bundesgesetzblatt
BlgNr	Beilage/-n zu den stenographischen Protokollen des Nationalrates
BPG	Betriebspensionsgesetz, BGBl 282/1990
bspw	beispielsweise
B-VG	Bundesverfassungsgesetz, BGBl 1930/1
bzw	beziehungsweise
ca	circa
DHG	Dienstnehmerhaftpflichtgesetz, BGBl 80/1965

DOPS	direct observation of practical skills
DRdA	Das Recht der Arbeit
ecolex	Fachzeitschrift für Wirtschaftsrecht
EG	Europäische Gemeinschaft
EStG	Einkommensteuergesetz 1988, BGBl 400/1988
etc	et cetera
EU	Europäische Union
EvBl	Evidenzblatt der Rechtsmittelentscheidungen in Österreichische Juristen-Zeitung
EWG	Europäische Wirtschaftsgemeinschaft
f	folgend
ff	und der/die folgenden
FLAG	Familienlastenausgleichsgesetz, BGBl 376/1967
FS	Festschrift
gem	gemäß
GP	Gesetzgebungsperiode
GSVG	Gewerbliches Sozialversicherungsgesetz, BGBl 560/1978
GuK-AV	Gesundheits- und Krankenpflege-Ausbildungsverordnung, BGBl 179/1999
GuKG	Gesundheits- und Krankenpflegegesetz, BGBl 108/1997
Hrsg	Herausgeber
IHS	Institut für Höhere Studien
infas	Informationen aus dem Arbeits- und Sozialrecht
insb	insbesondere
iS	im Sinne
iSd	im Sinne des/der
iVm	in Verbindung mit
JBl	Juristische Blätter
KA-AZG	Krankenanstalten-Arbeitszeitgesetz, BGBl 8/1997
KautSchG	Kautionsschutzgesetz, BGBl 229/1937
KPJ	Klinisch-Praktisches Jahr
KrplG	Krankenpflegegesetz, BGBl 93/1949
lit	litera
Losebl	Loseblattsammlung

MedUni	Medizinische Universität
MedUnis	Medizinische Universitäten
MiniCEX	Mini clinical exams
MSchG	Mutterschutzgesetz 1979, BGBl 221/1979
OGH	Oberster Gerichtshof
ÖJZ	Österreichische Juristen-Zeitung
OLG	Oberlandesgericht
RdM	Recht der Medizin
RdW	Recht der Wirtschaft
REDOK	Rechtsdokumentation
RPG	Rechtspraktikantengesetz, BGBl 644/1987
Rsp	Rechtsprechung
RV	Regierungsvorlage
Rz	Randziffer
sog	sogenannte/-r
SozM	Sozialrechtliche Mitteilungen der Arbeiterkammer
Stk	Stück
stRsp	ständige Rechtsprechung
SVSlg	Sozialversicherungsrechtliche Entscheidungen
SZ	Sammlung Zivilrecht
ua	unter anderem
uE	unseres Erachtens
UG 2002	Universitätsgesetz 2002, BGBl 120/2002
UniAbgG	Universitäts-Abgeltungsgesetz, BGBl 463/1974
UOG 1975	Universitäts-Organisationsgesetz 1975, BGBl 258/1975
UPG	Unterrichtspraktikumsgesetz, BGBl 145/1988
UrlG	Urlaubsgesetz, BGBl 390/1976
usw	und so weiter
VfGH	Verfassungsgerichtshof
VfSlg	Sammlung der Erkenntnisse und wichtigsten Beschlüsse des Verfassungsgerichtshofs
vgl	vergleiche
VwGH	Verwaltungsgerichtshof
VwSlg	Erkenntnisse und Beschlüsse des Verwaltungsgerichtshofs
wbl	Wirtschaftsrechtliche Blätter

Z	Ziffer
ZAS	Zeitschrift für Arbeits- und Sozialrecht
zB	zum Beispiel
zfhr	Zeitschrift für Hochschulrecht, Hochschulmanagement und Hochschulpolitik
ZfVB	Zeitschrift für Verwaltung (Judikaturbeilage)

Vorwort

Das Klinisch-Praktische Jahr ist ein zentrales Element des Medizinstudiums. Es integriert die Studierenden in den Alltag des klinischen Betriebs und bildet damit den Übergang von Ausbildung im Eigeninteresse zur Arbeit für andere. Gleichzeitig sind die Rahmenbedingungen im Klinisch-Praktischen Jahr den Kriterien prekärer Arbeitsverhältnisse nicht unähnlich. Hinzu kommt die teils nicht unschwierige wirtschaftliche/soziale Situation der Studierenden am Ende eines langen Studiums. Aus all diesen Gründen stellt sich die Frage, welche Art eines Rechtsverhältnisses beim Klinisch-Praktischen Jahr vorliegt, ob eine Abgeltung der Tätigkeit erforderlich ist und wie die sozialversicherungsrechtliche Situation zu beurteilen ist.

Die vorliegende Arbeit resultiert im Wesentlichen aus einer Stellungnahme, die im Auftrag der Österreichischen Hochschülerschaft der Medizinischen Universität Graz erstellt wurde.

Graz/Linz, April 2014 *Günther Löschnigg/Alexander Scala*

1. Einführung

Das sechste und letzte Studienjahr in der Studienrichtung „Humanmedizin“ an den „MedUnis“ Wien, Graz und Innsbruck dient der praktischen Anwendung von bereits erworbenen medizinischen Kenntnissen und Fähigkeiten am Krankenbett („Klinisch-Praktisches Jahr“). Mit dem Studienjahr 2014/2015 startet an den MedUnis Innsbruck[1], Graz[2] und Wien[3] das KPJ-Neu. Es umfasst nunmehr drei Tertiale im Gesamtausmaß von 48 Wochen zu je 35 Stunden pro Woche, davon sind jeweils 16 Wochen verpflichtend in chirurgischen und perioperativen Fächern sowie in der Inneren Medizin zu absolvieren, weitere 16 Wochen in Wahlfächern. Die Tertiale bestehen wiederum aus verschiedenen, (zum Teil) frei wählbaren Blöcken (zB Neurochirurgie und Allgemeinchirurgie im Tertial „Chirurgie und perioperative Fächer“).

Allen Studienplänen ist gemeinsam, dass mit Eintritt in das KPJ die theoretische Ausbildung (weitestgehend) beendet ist. Die theoretischen Kenntnisse und Fähigkeiten für die dortigen praktischen Tätigkeiten haben die Studierenden bereits durch die Ablegung von Prüfungen in den vorangegangenen Studienjahren erworben. Von den Studentinnen/Studenten wird in der jeweiligen Gesundheitseinrichtung ein Großteil ärztlicher Basistätigkeiten erledigt, welche durch einen gemeinsamen Kompetenzlevelkatalog der MedUnis vorgegeben werden. Im Rahmen ihrer praktischen Tätigkeit werden die Studierenden von den zuständigen Aufsichtspersonen im Hinblick auf die pädagogischen Ziele regelmäßig evaluiert.

Diesen universitätsrechtlichen Fakten steht die soziale Situation der Studierenden gegenüber. Die prekäre Stellung der Studierenden der Humanmedizin hat unterschiedliche Gründe. Dies beginnt damit, dass das Studium der Humanmedizin mindestens sechs Jahre dauert, ein Anspruch auf Familienbeihilfe aber längstens bis zur

---

1 Mitteilungsblatt der MedUni Innsbruck vom 4. 9. 2013, Studienjahr 2012/13, 63. Stk, 651 ff.

2 Mitteilungsblatt der MedUni Graz vom 21. 6. 2013, Studienjahr 2012/13, 20. Stk, 28 ff.

3 Mitteilungsblatt der MedUni Wien vom 20. 6. 2013, Studienjahr 2012/13, 28. Stk, 2 f; vgl auch die konsolidierte Fassung des Studienplans (Oktober 2013) 9, 26 f.

Vollendung des 24. Lebensjahrs besteht. Eine Verlängerung bis zur Vollendung des 25. Lebensjahrs ist nur dann möglich, wenn die Studierenden bis spätestens mit Vollendung des 19. Lebensjahrs das Studium begonnen haben und die gesetzliche Mindeststudiendauer von sechs Jahren nicht überschritten wird (vgl § 2 Abs 1 lit j FLAG). Dies resultiert aber auch daraus, dass für die Vollbeschäftigung im KPJ weder ein Entgelt noch eine Aufwandsentschädigung vorgesehen ist. Ebensowenig führt diese Tätigkeit zu einer Pflichtversicherung in der gesetzlichen Sozialversicherung. Laut einer Studierendensozialerhebung aus dem Jahr 2011[4] müssen rund zwei Drittel der Studierenden auch neben dem Studium ca 20 Stunden pro Woche arbeiten, um dieses zu finanzieren.

2. Problemstellung

Im Folgenden sollen Überlegungen angestellt werden,

- ob durch das Praktikum ein Arbeitsverhältnis, ein freier Dienstvertrag oder ein Werkvertrag begründet wird bzw ein solches Rechtsverhältnis zulässig wäre;
- ob allenfalls sonstige Rechtsverhältnisse, insb ein Ausbildungsverhältnis, als Grundlage für die Tätigkeit im sechsten Studienjahr in Frage kämen.

Weiters ist zu diskutieren, welche Rechte und Pflichten in ein Rechtsverhältnis, das für die Dauer des KPJ eingegangen wird, dem Grunde nach integriert werden sollten. Schließlich ist ein Vergleich mit der Situation der KPJ-Studierenden in Deutschland vorzunehmen.

4 *Unger/Dünser/Fessler/Grabher/Hartl/Laimer/Thaler/Wejwar/Zaussinger,* IHS-Studierendensozialerhebung 2011: Bericht zur sozialen Lage der Studierenden II (2012) 137 ff.

3. Rechtsgrundlagen des „Klinisch-Praktischen Jahrs"

3.1 Allgemein zu den ärztlichen Ausbildungsvorschriften

Die Ziele der ärztlichen Grundausbildung werden europaweit durch die europäische Richtlinie 2005/36/EG[5] festgelegt, um die Anerkennung der Ausbildungsnachweise eines Mitgliedsstaates in einem anderen zu gewährleisten. Art 24 der Richtlinie schreibt neben verschiedensten theoretischen Kenntnissen, insb in den Wissenschaften und deren Methoden, über die Struktur, die Funktionen und das Verhalten gesunder und kranker Menschen sowie hinsichtlich der klinischen Sachgebiete und Praktiken, auch eine angemessene klinische Erfahrung unter entsprechender Leitung in Krankenhäusern vor. Insgesamt muss die ärztliche Grundausbildung mindestens sechs Jahre oder 5500 Stunden theoretischen und praktischen Unterrichts umfassen. Die Zielvorgaben in Österreich werden ua durch das ÄrzteG umgesetzt, dessen § 24 wiederum die formalgesetzliche Grundlage der ÄAO darstellt. In der ÄAO werden die Erfordernisse für die Ausbildung zur selbstständigen Ärztin/zum selbstständigen Arzt für Allgemeinmedizin und für die Ausbildung zur selbstständigen Fachärztin/zum selbstständigen Facharzt festgelegt. Sie bezieht sich nur auf die Ausbildung von (unselbstständigen) Turnusärztinnen/Turnusärzten[6]. Unmittelbare Ausführungen zur universitären Ausbildung bzw zum KPJ finden sich nicht. Hiefür haben die Med-Unis Österreichs einen gemeinsamen Mindestanforderungskatalog

[5] Richtlinie 2005/36/EG des europäischen Parlaments und des Rats vom 7. 9. 2005 über die Anerkennung von Berufsqualifikationen, ABl 2005 L 255/22; sie hat die Richtlinie 93/16/EWG des Rates vom 5. April 1993 zur Erleichterung der Freizügigkeit für Ärzte und zur gegenseitigen Anerkennung ihrer Diplome, Prüfungszeugnisse und sonstigen Befähigungsnachweise, ABl 1993 L 165, 1, mit Wirkung vom 20. 10. 2007 aufgehoben.

[6] Turnusärztinnen/Turnusärzte sind trotz des Ausbildungscharakters grundsätzlich als ArbeitnehmerInnen zu qualifizieren; vgl zB OGH 25. 1. 1989, 9 ObA 517/88, ARD 4097/13/89; OGH 29. 11. 2001, 8 ObA 184/01v, ARD 5402/7/2003 = ASoK 2002, 319; vgl ausführlich zu den Turnusärztinnen/Turnusärzten *Schrammel,* Rechtsprobleme des Turnusarztverhältnisses, ZAS 1982, 203.

für ärztliche Fertigkeiten und Fähigkeiten mit den drei Kompetenzlevels „Famulaturreife“, „Klinisch-Praktisches-Jahr-Reife“ und „Approbationsreife“ als verbindliche Grundlage für die Gestaltung des Curriculums der jeweiligen Diplomstudiengänge Humanmedizin ausgearbeitet (siehe Anhang 4). Dieser Mindestanforderungskatalog wurde auch bei den geltenden Studienplänen für das Diplomstudium der Humanmedizin der MedUnis Graz, Wien und Innsbruck berücksichtigt (siehe Anhang 1, 2 und 3).

Daneben findet sich in § 49 Abs 4 und 5 ÄrzteG ein Katalog von Tätigkeiten, die in Ausbildung stehende Studierende der Medizin zur unselbstständigen Ausübung unter Anleitung und Aufsicht der ausbildenden Ärztinnen/Ärzte berechtigt. Hiezu zählen die Erhebung der Anamnese, einfache physikalische Krankenuntersuchung einschließlich Blutdruckmessung, die Blutabnahme aus der Vene, die Vornahme intramuskulärer und subkutaner Injektionen sowie einzelne weitere ärztliche Tätigkeiten, sofern deren Beherrschung zum erfolgreichen Abschluss des Studiums der Medizin zwingend erforderlich ist und die in Ausbildung stehenden Studentinnen/Studenten der Medizin nachweislich bereits über die zur gewissenhaften Durchführung erforderlichen Kenntnisse und Erfahrungen im Hinblick auf den Schwierigkeitsgrad dieser Tätigkeiten verfügen.

3.2 Studienplan der Humanmedizin

3.2.1 Rechtsnatur

Der Studienplan stellt als unmittelbare Rechtsgrundlage des KPJ die wichtigste Rechtsquelle dar[7]. Rechtlich sind Studienpläne als Verordnungen zu qualifizieren (vgl § 51 Abs 2 Z 24 UG 2002)[8]. Die leitenden Grundsätze für die Erlassung eines universitären Studienplans sind im UG 2002 geregelt, insb in den §§ 1 bis 3 sowie den §§ 51 ff. Daneben sind naturgemäß auch die verfassungsrechtlichen Vorgaben und Schranken zu beachten[9]. Die Erlassung und Ände-

---

[7] Vgl insb *Schnedl,* Die Neugestaltung des universitären Studienrechts durch das Universitätsgesetz 2002, in FS Funk (2003) 483.

[8] *Novak,* Rechtliche Rahmenbedingungen für die Gestaltung universitärer Curricula, zfhr 2007, 18 (19).

[9] *Novak,* Rechtliche Rahmenbedingungen für die Gestaltung universitärer Curricula, zfhr 2007, 18 (18 ff).

rung der Curricula für ordentliche Studien und Lehrgänge obliegt gem § 25 Abs 1 Z 10 UG 2002 grundsätzlich dem zuständigen Senat. Seine Zusammensetzung ist in § 25 Abs 3 und 3a UG 2002 geregelt. Der Senat wiederum muss für die Erlassung von Curricula ein entscheidungsbefugtes Kollegialorgan einsetzen (Curriculumskommission). Die Beschlüsse dieses Kollegialorganes bedürfen dann der Genehmigung des Senates (vgl § 25 Abs 8 und 10 UG 2002). Nach § 54 Abs 5 UG 2002 treten Curricula und deren Änderungen bei Veröffentlichung im Mitteilungsblatt vor dem 1. 7. mit dem 1. 10. desselben Jahres in Kraft; bei Veröffentlichung nach dem 30. 6. treten sie mit 1. 10. des nächsten Jahres in Kraft. Die geänderten Studienpläne mit dem verlängerten KPJ traten an der MedUni Graz und der MedUni Wien mit 1. 10. 2013 in Kraft[10]. An der MedUni Innsbruck tritt dieser erst am 1. 10. 2014 in Kraft[11].

3.2.2 Befugnis zu Regelung der Beschäftigungsform im Studienplan?

Mitunter werden Rechtsverhältnisse kraft normativer Regelung zu Ausbildungsverhältnissen. Dabei handelt es sich in der Regel um formelle Gesetze[12]. Fraglich ist, ob eine entsprechende Regelungsbefugnis auch den Studienplänen, die rechtlich als Verordnung zu qualifizieren sind, zukommt. Die gesetzlichen Grundlagen für die Erlassung des Studienplans finden sich im II. Teil des UG 2002, insb in den §§ 51 ff UG 2002. Im Bereich der Vollziehung dieser Vorschriften werden die Universitäten im Rahmen der Hoheitsverwaltung tätig. Gem § 51 Abs 2 Z 24 UG 2002 werden mit dem Curriculum das Qualifikationsprofil, der Inhalt und der Aufbau eines Studiums und die Prüfungsordnung festgelegt. Eine gesetzliche Ermächtigung für eine Regelungsbefugnis eines Beschäftigungsverhältnisses durch

---

10 Mitteilungsblatt der MedUni Graz vom 21. 6. 2013, Studienjahr 2012/13, 20. Stk, 39; Mitteilungsblatt der MedUni Wien vom 20. 6. 2013, Studienjahr 2012/13, 28. Stk, 2.

11 Mitteilungsblatt der MedUni Innsbruck vom 4. 9. 2013, Studienjahr 2012/13, 63. Stk, 675.

12 So besagt bspw § 2 Abs 4 RPG, dass durch die Zulassung zur Gerichtspraxis und deren Ableistung kein Arbeitsverhältnis, sondern ein Ausbildungsverhältnis begründet wird; idS auch § 1 Abs 3 UPG; vgl hiezu 4.5.3.

den Studienplan lässt sich daraus nicht ableiten. Insb wäre hiefür eine hinreichend bestimmte gesetzliche Ermächtigung notwendig. Eine autonome Regelungskompetenz im Rahmen des Art 81c B-VG kommt ebenfalls nicht in Betracht. Wie der VfGH[13] bereits bezüglich der autonomen Einhebung von Studiengebühren ausgeführt hat, ist ein wesentliches Merkmal öffentlicher Universitäten iSd Art 81c Abs 1 B-VG die staatliche Verantwortung für die Finanzierung der Regelstudien und angemessener freier wissenschaftlicher Forschung. Im Rahmen dieser Gewährleistung unterliegen öffentliche Universitäten aber auch staatlichen Anforderungen (zB Leistungsvereinbarungen). Die Wendung „im Rahmen der Gesetze" in Art 81c B-VG sei dahingehend zu verstehen, dass öffentliche Universitäten gesetzlichen Regelungen ihres Wirkungsbereiches unterliegen. Daher zähle die Regelung von Studienbeiträgen für die Regelstudien nicht zu jenen Angelegenheiten öffentlicher Universitäten, die diese autonom im Rahmen der Gesetze regeln können. Vielmehr zähle das Studienbeitragsrecht zwingend zum gesetzlichen Rahmen der Tätigkeit der Universitäten, der den Anforderungen des Art 18 B-VG im Hinblick auf ihre Determinierung Rechnung trage und den Vorgaben des Gleichheitsgrundsatzes entspreche. Für den gegenständlichen Fall bedeutet dies, dass aufgrund der staatlichen Verantwortung für die Finanzierung der Studien und des Personals die Universitäten grundsätzlich nur im Rahmen der bestehenden Normen im III. Teil des UG 2002 (§§ 94 ff UG 2002) Beschäftigungsverhältnisse begründen können und keine eigenständigen Regelungen für neue Beschäftigungsformen von Studierenden treffen dürfen.

3.2.3 Vorgaben zur Beschäftigung im Rahmen des KPJ

In den Studienplänen der MedUnis finden sich formale und inhaltliche Ausführungen zum dritten Studienabschnitt, dem KPJ (siehe Anhang 1, 2 und 3). Danach dient das KPJ dem Erwerb und der Vertiefung der im österreichischen Kompetenzlevelkatalog für ärztliche Fertigkeiten aufgeführten Kompetenzen. Im Vordergrund steht ua die Betreuung von Patientinnen/Patienten unter Anleitung gem § 49

13 VfGH 29.6 2013, G 35/2013 ua, V 32/2013 ua, zfhr 2013/18; VfGH 23. 9. 2013, G 35/2013 ua, V 32/2013 ua.

Abs 4 und 5 ÄrzteG. Hinsichtlich der Beschäftigungsform von Studierenden im Rahmen des KPJ finden sich keine ausdrücklichen Vorschriften. Insb werden weder die Begründung eines Arbeitsverhältnisses, eines freien Dienstvertrags noch eines Werkvertrags ausdrücklich ausgeschlossen. Die Studienpläne der MedUnis Graz und Wien schreiben lediglich vor, dass die Studierenden im Rahmen des KPJ „Auszubildende sind, die nur in dem für das Erreichen der Ausbildungsziele notwendigen Ausmaß zu Routinetätigkeiten herangezogen werden können. Dabei muss gewährleistet sein, dass das Klinische Praktikum als Teil des Studiums die geforderte Breite der klinischen Ausbildung sicherstellt". In diesem Sinne legt auch der Studienplan der MedUni Innsbruck als Ziel für das KPJ fest, „dass die im Österreichischen Kompetenzlevelkatalog für ärztliche Fertigkeiten der MedUnis Österreichs gelisteten praktischen Fertigkeiten von Absolventinnen/Absolventen erreicht werden".

Ein ähnlicher Passus wie bei den MedUnis Graz und Wien findet sich bspw auch in § 19 Abs 5 GuK-AV („Im Rahmen der praktischen Ausbildung dürfen die SchülerInnen nur zu Tätigkeiten herangezogen werden, die im unmittelbaren Zusammenhang mit der Ausbildung in der Gesundheits- und Krankenpflege stehen und zur Erreichung der Ausbildungsziele erforderlich sind"). Diese Ausbildungsverordnung für Gesundheits- und Krankenpflege beruht auf § 57 GuKG. Im Gegensatz zu den Studierenden im KPJ wird den Schülerinnen/Schülern in § 49 Abs 5 GuKG ein Anspruch auf ein monatliches Taschengeld gewährt, dessen Höhe nach Anhörung der gesetzlichen Vertretung der ArbeitnehmerInnen vom Rechtsträger der Schule festzusetzen und zu leisten ist (in der Steiermark derzeit: im 1. Jahr: € 80; im 2. Jahr: € 160; im 3. Jahr: € 240; in anderen Bundesländern ist dieses teils weitaus höher). Die Materialien[14] zum Gesetz stellen klar, dass es sich um eine „vermögens- und leistungsunabhängige finanzielle" Unterstützung handelt[15]. Motiv für den Entschädigungsanspruch für KrankenpflegeschülerInnen war ursprünglich (iSd § 9 KrpflG) eher, einen Anreiz für die Krankenpflegeausbil-

[14] RV 709 BlgNR 20. GP 70.

[15] Vgl auch *Flemmich/Nöstlinger* (Hrsg), Gesundheits- und Krankenpflegegesetz (2004) 414; *Weiss-Faßbinder/Lust* (Hrsg), GuKG[4] (2004) 129.

dung zu schaffen[16]. Darüber hinaus sind die SchülerInnen während der gesamten Ausbildung gem § 4 Abs 1 Z 5 ASVG kranken-, unfall- und pensionsversichert. In Hinblick auf die Beschäftigungsform hat der OGH[17] bereits mehrfach klargestellt, dass zwischen den Schülerinnen/Schülern und den Rechtsträgern der Krankenpflegeschulen ein privatrechtlicher Ausbildungsvertrag (und kein Arbeitsvertrag) besteht, wobei sich der Rechtsträger zur Vornahme einer bestimmten Ausbildung und der/die SchülerIn zur Unterziehung einer solchen Ausbildung verpflichten. Allerdings handelt es sich bei dieser Ausbildung um eine Kombination von theoretischen Unterrichtseinheiten und unterschiedlichen Praktika im Gesundheits- und Pflegebereich. Demgegenüber absolvieren die Studierenden im KPJ (weitgehend) nur praktische Tätigkeiten in verschiedenen klinischen Bereichen nach Abschluss der theoretischen Ausbildung. Inwiefern dennoch eine Verbindung zur Beschäftigungsform von Studierenden im KPJ hergestellt werden kann, vgl unter 5.

4. Mögliche Beschäftigungsformen

4.1 Allgemein zu einem Beschäftigungsverhältnis

Vorweg ist zu klären, zwischen welchen Parteien ein Beschäftigungsverhältnis zustande kommen kann. Als Parteien kommen einerseits die Studierenden, andererseits die MedUnis Graz, Wien und Innsbruck oder verschiedene klinische Ausbildungseinrichtungen in Frage. Nach § 29 UG 2002 erfüllen Medizinische Universitäten ihre Forschungs- und Lehraufgaben im Klinischen Bereich auch im Zusammenwirken mit öffentlichen Krankenanstalten. Der VwGH[18] stellte in diesem Zusammenhang klar, dass, wenn bei der Patientenversorgung Universitätspersonal des Klinischen Bereichs tätig wird, diese Aufgaben zwar funktionell für den Rechtsträger der Krankenanstalt erbracht werden, gleichwohl stellt diese Tätigkeit aber die Er-

[16] Vgl AB 837 BlgNR 5. GP 1; *Resch*, Ersatz von Ausbildungskosten für nichtärztliches Personal, RdM 1994, 42 (44).

[27] Vgl zB OGH 20. 5. 1969, 4 Ob 30/69, Arb 8622 = EvBl 1969, 550 = JBl 1969, 569; OGH 14. 3. 2001, 9 ObA 335/00f, SZ 74/47 = ARD 5275/40/2002 = DRdA 2001, 454.

[18] VwGH 17. 6. 2013, 2010/11/0079.

füllung von Dienstpflichten gegenüber der Medizinischen Universität als Arbeitgeberin dar. Die Zurechnung dieser Tätigkeit an den Rechtsträger der Krankenanstalt ändere daher nichts daran, dass nur ein Rechtsverhältnis zur Universität besteht. Dies bedeutet, dass die Tätigkeit der Studierenden im Rahmen des KPJ bei klinischen Ausbildungseinrichtungen nichts am Rechtsverhältnis zu den MedUnis ändert. Als Parteien für ein mögliches Beschäftigungsverhältnis fungieren daher grundsätzlich die MedUnis Graz, Wien und Innsbruck sowie die jeweiligen Studierenden.

Bei den Beschäftigungsformen unterscheidet man auf der einen Seite zwischen typischen Beschäftigungsformen im engeren Sinn (Arbeitsvertrag, freier Dienstvertrag und Werkvertrag), bei denen die Interessen der beschäftigenden Betriebsinhaberin/des beschäftigenden Betriebsinhabers im Vordergrund stehen, und auf der anderen Seite zwischen Ausbildungsverhältnissen, insb Volontariats- und Praktikantenverträge sowie per Gesetz dekretierte Ausbildungsverhältnisse, bei denen der Ausbildungszweck des/der Auszubildenden überwiegt bzw den entscheidenden Vertragsinhalt bildet. Im Folgenden sollen die Charakteristika der einzelnen Beschäftigungsformen überblicksmäßig dargestellt und voneinander abgegrenzt werden. Hiebei wird die Divergenz zwischen der arbeitsrechtlichen und der sozialversicherungsrechtlichen Beurteilung hervorgehoben.

4.2 Arbeitsvertrag

4.2.1 Arbeitsrechtliche Beurteilung

Nach § 1151 ABGB sind ArbeitnehmerInnen Personen, die sich für gewisse Zeit zur Dienstleistung für einen anderen verpflichten. Auf sie sind grundsätzlich alle arbeitsrechtlichen Bestimmungen anzuwenden. Ein wesentliches Merkmal des Arbeitsverhältnisses zwischen ArbeitnehmerIn und ArbeitgeberIn ist das Vorliegen eines Dauerschuldverhältnisses. Charakteristisch für ein Dauerschuldverhältnis ist nicht die zeitliche Dauer, sondern der Umstand, dass das bestehende Rechtsverhältnis nur durch einen besonderen Beendigungsakt (Kündigung, Auflösung aus wichtigem Grund) und nicht durch eine Erfüllungshandlung aufgelöst wird[19]. Ein weiteres we-

[19] *Löschnigg* in Löschnigg (Hrsg), Angestelltengesetz I^9 (2012) § 1 Rz 3.

sentliches Merkmal des Arbeitsverhältnisses ist die persönliche Abhängigkeit der Arbeitnehmerin/des Arbeitnehmers vom/von der ArbeitgeberIn. Zu den Kriterien der persönlichen Abhängigkeit zählen die Einordnung in den betrieblichen Ordnungsbereich, insb die Bindung der Arbeitnehmerin/des Arbeitnehmers hinsichtlich Arbeitszeit, Arbeitsort und Arbeitsablauf, sowie die (persönliche) Weisungsgebundenheit der Arbeitnehmerin/des Arbeitnehmers (nicht notwendigerweise über die Art der Ausführung). Schließlich sind auch die persönliche, auf Zeit abgestellte Arbeitspflicht, die Fremdbestimmung der Arbeitsleistung, deren wirtschaftlicher Erfolg dem/der ArbeitgeberIn zugute kommt, die Bereitstellung von Betriebsmitteln durch den/die ArbeitgeberIn, die disziplinäre Verantwortung der Arbeitnehmerin/des Arbeitnehmers sowie persönliche Fürsorgepflichten der Arbeitgeberin/des Arbeitgebers und Treuepflichten der Arbeitnehmerin/des Arbeitnehmers (zB Konkurrenzverbote) typische Charakteristika eines Arbeitsverhältnisses[20].

Die Wesensmerkmale müssen nicht alle vorliegen und können in unterschiedlich starker Ausprägung auftreten. Entscheidend für einen Arbeitsvertrag ist, dass nach der Methodik eines beweglichen Systems bei einer Gesamtbeurteilung die Merkmale der persönlichen Abhängigkeit ihrem Gewicht und ihrer Bedeutung nach überwiegen[21]. Nicht von Bedeutung sind die wirtschaftliche Lage, die rechtliche Natur des bestehenden Rechtsverhältnisses sowie die sozialversicherungsrechtliche oder steuerrechtliche Behandlung des/der Beschäftigten[22].

---

[20] Vgl zB OGH 13. 1. 1988, 14 ObA 46/87, Arb 10.697 = ZAS 1988, 101; OGH 30. 10. 2003, 8 ObA 45/0f, RdW 2004, 422 mit Bespr von *Naderhirn* = Arb 12.372 = ARD 5479/7/04; OGH 8. 6. 2005, 7 Ob 40/05s, ecolex 2006, 24; *Löschnigg* in Löschnigg (Hrsg), Angestelltengesetz I^{9} (2012) § 1 Rz 8 ff.

[21] Vgl zB OGH 18. 12. 1979, 4 Ob 124/79, Arb 9.845 = DRdA 1982, 207; OGH 16. 6. 2008, 8 ObA 39/08f; zuletzt OGH 27. 6. 2013, 8 ObA 40/13k, ARD 6358/6/2013.

[22] *Löschnigg*, Arbeitsrecht^{11} (2011) 197.

4.2.2 Sozialversicherungsrechtliche Beurteilung

Gem § 4 Abs 2 ASVG ist DienstnehmerIn iSd ASVG, wer in einem Verhältnis persönlicher und wirtschaftlicher Abhängigkeit gegen Entgelt beschäftigt wird oder wer nach § 47 Abs 1 iVm Abs 2 EStG lohnsteuerpflichtig ist, also nach steuerrechtlichen Grundsätzen ArbeitnehmerIn ist[23]. Das Begriffsverständnis eines Beschäftigungsverhältnisses iSd § 4 Abs 2 ASVG ist weit, sodass nach der Rsp des VwGH[24] ein gesetzlicher Ausschluss eines Arbeitsverhältnisses (zB in § 38 Abs 4 UOG 1975) eine sozialversicherungsrechtliche Qualifikation als Beschäftigungsverhältnis nicht ausschließt.

Ob bei einer Beschäftigung persönliche Abhängigkeit iSd § 4 Abs 2 ASVG gegeben ist, hängt davon ab, ob die Bestimmungsfreiheit des/der Beschäftigten durch die zu beurteilende Beschäftigung weitgehend ausgeschaltet oder – wie bei anderen Formen der Gestaltung einer Beschäftigung (zB freier Dienstvertrag) – nur beschränkt ist. Nach der Rsp des VwGH[25] ist – im Gegensatz zum OGH – bei kumulativem Vorliegen sog unterscheidungskräftiger Kriterien jedenfalls von einem Beschäftigungsverhältnis auszugehen. Unterscheidungskräftige Kriterien sind die Bindung des/der Beschäftigten an Ordnungsvorschriften über den Arbeitsort, die Arbeitszeit, das arbeitsbezogene Verhalten sowie die sich darauf beziehenden Weisungs- und Kontrollbefugnisse und die damit eng verbundene persönliche Arbeitspflicht. Andere Kriterien, wie zB die Art des Entgelts und der Entgeltleistung (§ 49 ASVG), die Dauer des Beschäftigungsverhältnisses oder ein das Arbeitsverfahren betreffendes Weisungsrecht der Empfängerin/des Empfängers der Arbeitsleistung, spielen

---

23 Vgl hiezu *Doralt* in Doralt/Kirchmayr/Mayr/Zorn (Hrsg), EStG (Losebl) § 47 Rz 14 ff.

24 Vgl zB VwGH 24. 1. 1985, 83/08/0033, SVSlg 28.653 = VwSlg 11648 A/1985 = ARD-HB 1986, 105 = ARD-HB 1986, 379 = ÖJZ 1985/491 A = ÖJZ 1985/492 A = ÖJZ 1985/497 A = ZfVB 1985/1462; VwGH 26. 1. 2000, 94/08/0139, SVSlg 44.884 = VwSlg 15320 A/2000 = ARD 5121/16/2000 = DRdA 2000, 424 = infas 2000, S 44 = ÖJZ 2001/27 A.

25 Vgl zB VwGH 28. 10. 1998, 93/08/0168, SVSlg 42.038 = ARD 4899/23/98 = ASoK 1998, 222; VwGH 18. 1. 2012, 2008/08/0252, ARD 6251/7/2012; VwGH 12. 9. 2012, 2009/08/0041, ARD 6313/10/2013 = DRdA 2013, 170.

nur im Zweifelsfall eine Rolle, wenn also einzelne unterscheidungskräftige Kriterien fehlen oder nur schwach ausgeprägt sind[26]. Die wirtschaftliche Abhängigkeit als weiteres Kriterium eines Beschäftigungsverhältnisses iSd § 4 Abs 2 ASVG findet ihren Ausdruck im Fehlen der im eigenen Namen auszuübenden Verfügungsmacht über die nach dem Einzelfall für den Betrieb wesentlichen organisatorischen Einrichtungen und Betriebsmittel. Insofern ist sie bei entgeltlichen Beschäftigungsverhältnissen die zwangsläufige Folge persönlicher Abhängigkeit[27]. Teilweise wird die wirtschaftliche Abhängigkeit auch als „Lohnabhängigkeit" interpretiert, dh, das Entgelt aus dem Dienstverhältnis wird als Existenzgrundlage für den/die ArbeitnehmerIn unwiderleglich vermutet[28].

4.3 Freier Dienstvertrag

4.3.1 Arbeitsrechtliche Beurteilung

Die Unterscheidung zwischen ArbeitnehmerIn und freier Dienstnehmerin/freiem Dienstnehmer ist insofern von wesentlicher Bedeutung, als auf freie DienstnehmerInnen das Arbeitsrecht grundsätzlich nicht zur Anwendung kommt. Gewisse arbeitsrechtliche Normen, die nicht mit der persönlichen Abhängigkeit der Arbeitnehmerin/des Arbeitnehmers in unmittelbarem Zusammenhang stehen, werden kraft gesetzlicher Anordnung oder aufgrund von Sachgerechtigkeitsüberlegungen analog für freie DienstnehmerInnen herangezogen[29].

---

26 Vgl zB VwGH 28. 10. 1998, 93/08/0168, SVSlg 42.038 = ARD 4899/23/98 = ASoK 1998, 222; VwGH 12. 9. 2012, 2010/08/0197; VwGH 18. 1. 2013, 2008/08/0267, ARD 6260/8/2012 = infas 2012, S 13 = ZfVB 2012, 711; *Tomandl*, Der rätselhafte freie Dienstnehmer, ZAS 2006, 248 (253).

27 Vgl zB VwGH 15. 3. 2005, 2001/08/0096, SVSlg 50.420 = ARD 5593/6/2005 = infas 2005, S 31 = RdW 2005, 502; VwGH 27. 4. 2011, 2009/08/0123, ARD 6162/4/2011 = DRdA 2012, 60 = infas 2011, S 42 = ZfVB 2011, 993 = ZfVB 2011, 1075; VwGH 12. 9. 2012, 2009/08/0041, ARD 6313/10/2013.

28 OGH 11. 5. 1988, 9 ObA 48/88, DRdA 1990, 353 mit Bespr von *Runggaldier* = Arb 10.741.

29 Vgl zB OGH 20. 9. 1983, 4 Ob 93/83, DRdA 1984, 442 mit Bespr von *Wachter* = REDOK 1688 = RdW 1984, 85; OGH 19. 6. 1991, 9 Ob

Hiezu zählen insb die allgemeinen Bestimmungen der §§ 1152 ff ABGB. Nicht zur Anwendung gelangen hingegen bspw die Normen des UrlG, AZG[30], ArbVG[31], BEinstG[32], BPG[33] sowie Bestimmungen über die Entgeltfortzahlung im Krankheitsfall (zB § 1154 b ABGB)[34] oder Abfertigungsbestimmungen des AngG[35]. Darüber hinaus sind freie DienstnehmerInnen grundsätzlich nicht von Kollektivverträgen (zB Bestimmungen über Mindestentgelt und Sonderzahlungen) erfasst[36].

Der freie Dienstvertrag ist ein Dauerschuldverhältnis und verpflichtet zur Arbeit ohne persönliche Abhängigkeit. Die bedungene Tätigkeit ist weitgehend selbstständig und frei von Beschränkungen

---

902/91, DRdA 1992, 124 mit Bespr von *Wachter* = Arb 10.944 = ARD 4292/10/91; OGH 29. 10. 2008, 9 ObA 133/08m, ARD 5976/4/2009 = DRdA 2009, 262.

30 OGH 26. 3. 1997, 9 ObA 54/97z, DRdA 1998/3, 36 mit Bespr von *Mazal* = Arb 11.586 = ARD 4873/2/97; OGH 29. 10. 2008, 9 ObA 133/08m, ARD 5976/4/2009 = DRdA 2009, 262.

31 OGH 11. 5. 1988, 9 ObA 165/87, DRdA 1990, 349 mit Bespr von *Runggaldier* = Arb 10.716 = ARD 4006/10/88 = DRdA 1989, 132; OGH 26. 3. 1997, 9 ObA 54/97z, DRdA 1998, 36 mit Bespr von *Mazal* = Arb 11.586 = ARD 4873/2/97; OGH 12. 2. 1997, 9 ObA 2260/96k.

32 OGH 26. 4. 1983, 4 Ob 38/83, Arb 10.248 = infas 1984, A 13 = JBl 1985, 57 = REDOK 681.

33 *Gruber,* Freier Dienstvertrag und Arbeitsrecht: Anwendbarkeit des Individual- und Kollektivarbeitsrechts unter Berücksichtigung der höchstgerichtlichen Judikatur, ASoK 2000, 306 (351 f).

34 OGH 25. 2. 1999, 8 ObA 38/99t, Arb 11.842 = ARD 5030/4/99 = RdW 1999, 488; *Rebhahn* in Neumayr/Reissner (Hrsg), Zeller Kommentar zum Arbeitsrecht I² (2011) § 1151 ABGB Rz 131.

35 Vgl zB OGH 13. 1. 1988, 14 ObA 46/87, Arb 10.697 = ARD 3973/10/88 = ZAS 1988, 101; OGH 10. 4. 1991, 9 Ob A 35/91, ARD 4271/12/91 = ecolex 1991, 556 = RdW 1991, 300; OGH 29. 10. 2008, 9 ObA 133/08m, ARD 5976/4/2009 = DRdA 2009, 262; VwGH 12. 2. 1986, 84/11/0264, ARD 3850/14/87 = ARD 3859/16/87 = ÖJZ 1986/599 A = RdW 1986, 279.

36 OGH 13. 1. 1988, 14 ObA 46/87, Arb 10.697 = ARD 3973/10/88 = ZAS 1988, 101; OGH 29. 10. 2008, 9 ObA 133/08m, ARD 5976/4/2009 = DRdA 2009, 262.

des persönlichen Verhaltens[37]. Der freie Dienstvertrag unterscheidet sich vom Arbeitsvertrag iSd § 1151 ABGB daher durch die Möglichkeit, den Ablauf der Arbeit selbst zu regeln und jederzeit zu ändern, also durch das Fehlen der persönlichen Abhängigkeit und Weisungsgebundenheit[38]. Gewisse Kriterien schließen – bei deren isoliertem Vorliegen – die persönliche Abhängigkeit jedenfalls aus. Dem OGH[39] zufolge ist dies der Fall, wenn sich der/die zu einer bestimmten Gattung von Arbeit Verpflichtete dabei generell vertreten lassen kann. Auch die Möglichkeit, Beschäftigungsanbote der Arbeitgeberin/des Arbeitgebers nach seinem eigenen Bedarf abzulehnen, schließt eine persönliche Abhängigkeit aus[40]. Sowohl bei der Vereinbarung einer generellen Vertretungsbefugnis als auch eines „Arbeitsablehnungsrechts" ist für deren Gültigkeit auf die tatsächliche oder objektiv zu erwartende Rechtsausübung abzustellen[41]. Diese objektive Betrachtung muss die gesamte Lebenssituation des/der Dienstleistenden ein-

---

37 *Schrammel,* Arbeitsvertrag versus freier Dienstvertrag, in FS Bauer/Maier/Petrag (2004) 25 (27 f).

38 Vgl zB OGH 5. 5. 1999, 9 ObA 10/99g, ARD 5043/10/99 = ASoK 1999, 400 = DRdA 1999, 392; OGH 13. 11. 2003, 8 ObA 86/03k, ASoK 2005, 2 mit Bespr von *Korn* = RdW 2004, 422 mit Bespr von *Naderhirn* = Arb 12.379 = SZ 2003/145 = ARD 5479/9/2004 = ASoK 2004, 245 = DRdA 2004, 171 = ecolex 2004/98 = infas 2004, A 24 = RdW 2004, 426 = wbl 2004/202 = ZAS-Judikatur 2004/26; OGH 10. 7. 2008, 8 ObA 55/07g, ecolex 2008, 988 mit Bespr von *Peschek/Unterrieder* = Arb 12.759 = ARD 5919/3/2008.

39 Vgl zB OGH 13. 1. 1988, 14 ObA 46/87, Arb 10.697 = ARD 3973/10/88 = ZAS 1988, 101; OGH 26. 6. 1997, 8 ObA 2158/96b, Arb 11.625 = ARD 4877/11/97 = ASoK 1997, 365; OGH 30. 10. 2003, 8 ObA 45/03f, RdW 2004, 422 mit Bespr von *Naderhirn* = Arb 12.372 = ARD 5479/7/2004.

40 OGH 13. 11. 2003, 8 ObA 86/03k, ASoK 2005, 2 mit Bespr von *Korn* = RdW 2004, 422 mit Bespr von *Naderhirn* = Arb 12.379 = SZ 2003/145 = ARD 5479/9/2004 = ASoK 2004, 245 = DRdA 2004, 171 = ecolex 2004/98 = infas 2004, A 24 = RdW 2004, 426 = wbl 2004/202 = ZAS-Judikatur 2004/26.

41 OGH 13. 11. 2003, 8 ObA 86/03k, ASoK 2005, 2 mit Bespr von *Korn* = RdW 2004, 422 mit Bespr von *Naderhirn* = Arb 12.379 = SZ 2003/145 = ARD 5479/9/2004 = ASoK 2004, 245 = DRdA 2004, 171 = ecolex 2004/98 = infas 2004, A 24 = RdW 2004, 426 = wbl 2004/202 = ZAS-

beziehen (zB eine weitere Beschäftigung bei einem/einer anderen ArbeitgeberIn)[42].

4.3.2 Sozialversicherungsrechtliche Beurteilung

Die Abgrenzung zwischen einem Dienstverhältnis iSd § 4 Abs 2 ASVG und einem freien Dienstvertrag nach § 4 Abs 4 ASVG ist deshalb vorzunehmen, da eine Versicherung nach § 4 Abs 2 ASVG vorgeht und für § 4 Abs 4 ASVG-Versicherte einige Sonderbestimmungen im Beitrags- und Leistungsrecht gelten (zB besondere Auskunftspflichten nach § 43 Abs 2 ASVG)[43]. Steuerrechtlich sind die freien DienstnehmerInnen in der Regel als Selbstständige bzw als Gewerbetreibende iSd EStG zu behandeln[44].

Die Bestimmung des § 4 Abs 4 ASVG erfasst Personen, die sich aufgrund freier Dienstverträge auf bestimmte oder unbestimmte Zeit zur Erbringung von Dienstleistungen für bestimmte ArbeitgeberInnen verpflichten und aus dieser Tätigkeit ein Entgelt beziehen, die Dienstleistungen im Wesentlichen persönlich erbringen und über keine wesentlichen eigenen Betriebsmittel verfügen. Der freie Dienstvertrag begründet – ebenso wie der echte Arbeitsvertrag – ein Dauerschuldverhältnis, dh eine Verpflichtung, Arbeitsleistungen wiederholt zu erbringen[45]. Entscheidend ist, ob die Parteien eine bestimmte abgeschlossene Tätigkeit (Werkvertrag) vereinbaren oder ob sie eine zeitlich begrenzte oder unbegrenzte Verpflichtung zum Tun begründen wollen (freier Dienstvertrag). Der/Die freie DienstnehmerIn schuldet daher keinen bestimmten Arbeitserfolg wie beim Werkvertrag, sondern ebenso wie der/die DienstnehmerIn nur sorgfältige Arbeit und eine durchschnittliche Arbeitsleistung. Der/Die

---

Judikatur 2004/26; OGH 22. 3. 2011, 8 ObA 49/10d, ARD 6162/3/2011 = ASoK 2012, 6 = ASoK 2011, 443 = wbl 2011/122.

42 *Schrammel,* Arbeitsvertrag versus freier Dienstvertrag, in FS Bauer/Maier/Petrag (2004) 25 (29).

43 Vgl ausführlich *Mosler,* Die sozialversicherungsrechtliche Stellung freier Dienstnehmer, DRdA 2005, 428.

44 *Braunsteiner/Lattner* in Wiesner/Grabner/Wanke (Hrsg), EStG (Losebl) § 47 Anm 16.

45 VwGH 20. 12. 2001, 98/08/0062, SVSlg 47.771 = SVSlg 47.798 = SVSlg 47.822 = SVSlg 47.834 = ARD 5303/16/2002.

ArbeitgeberIn erhält durch den freien Dienstvertrag zwar eine rechtlich begründete Verfügungsmacht über die Arbeitskraft der freien Dienstnehmerin/des freien Dienstnehmers, der/die freie DienstnehmerIn kann seine Dienstleistungen aber im Gegensatz zum/zur echten DienstnehmerIn nach § 4 Abs 2 ASVG ohne persönliche Abhängigkeit, dh in Ermangelung von Bindungen an persönlichen Weisungen hinsichtlich Arbeitszeit, Arbeitsort und arbeitsbezogenen Verhaltens, weitgehend selbstständig und frei von Beschränkungen des persönlichen Verhaltens erbringen[46]. Ein sachliches Weisungsrecht ist allenfalls ein zusätzliches Indiz dafür, dass die Tätigkeit nicht in persönlicher Ungebundenheit erfolgt[47].

Ähnlich wie bei der arbeitsrechtlichen Beurteilung durch den OGH finden sich in der Rsp des VwGH Kriterien, die die Annahme persönlicher Abhängigkeit iSd § 4 Abs 2 ASVG ausschließen. Dies gilt etwa für die mangelnde persönliche Arbeitspflicht bei einer generellen Vertretungsbefugnis, durch die er sich jederzeit (wenn auch nach Rücksprache) und nach Gutdünken irgendeiner geeigneten Vertreterin/irgendeines geeigneten Vertreters zur Erfüllung bedienen kann. Keine generelle Vertretungsberechtigung stellt die bloße Befugnis dar, sich im Fall der Verhinderung in bestimmten Einzelfällen, zB im Fall einer Krankheit oder eines Urlaubes, vertreten zu lassen oder die bloße wechselseitige Vertretungsmöglichkeit mehrerer von demselben/derselben VertragspartnerIn beschäftigten Personen[48]. Die Vertretungsbefugnis kann die Eigenschaft als DienstnehmerIn nämlich nur dann ausschließen, wenn ihretwegen nicht mehr von Dienstleistung in persönlicher Abhängigkeit gesprochen werden

---

46 Vgl zB VwGH 5. 6. 2002, 2001/08/0107, SVSlg 47.799 = ARD 5330/17/2002 = ÖJZ 2003/100 A; VwGH 7. 9. 2011, 2011/08/0206, ZfVB 2012, 275 = ZfVB 2012, 342; VwGH 14. 2. 2013, 2011/08/0391.

47 Zum sachlichen Weisungsrecht vgl *Löschnigg* in Löschnigg (Hrsg), Angestelltengesetz I^9 (2012) § 1 Rz 10.

48 Vgl zB VwGH 16. 11. 2011, 2008/08/0152, ARD 6204/9/2012 = ASoK 2012, 53 = DRdA 2012, 356; VwGH 11. 7. 2012, 2010/08/0204, ARD 6265/7/2012 = RdW 2012, 682 = ZfVB 2013, 108; VwGH 17. 10. 2012, 2009/08/0188, ARD 6299/6/2013 = DRdA 2013, 263 = infas 2013, S 7.

kann[49]. Auch die ausdrücklich vereinbarte Befugnis, Arbeitsleistungen sanktionslos ablehnen zu können, schließt grundsätzlich die Annahme persönlicher Abhängigkeit aus[50].

4.4 Werkvertrag

4.4.1 Zivilrechtliche Beurteilung

Auf Werkverträge sind keine arbeitsrechtlichen Bestimmungen, sondern ausschließlich die Bestimmungen der §§ 1165 ff ABGB anwendbar. Zudem gelangen für WerkvertragsunternehmerInnen auch keine Kollektivverträge zur Anwendung[51].

Grundsätzlich sind Arbeitsverhältnisse den Dauerschuldverhältnissen und Werkverträge den Zielschuldverhältnissen zuzuordnen. Während für den Arbeitsvertrag die Verfügung der Arbeitgeberin/des Arbeitgebers über die Arbeitskraft der Arbeitnehmerin/des Arbeitnehmers innerhalb eines bestimmten Zeitraumes ohne bestimmten Arbeitserfolg wesentlich ist, kommt es beim Werkvertrag auf das Ergebnis der Arbeitsleistung als eine in sich geschlossene Einheit an[52]. Entscheidend ist daher, ob nach dem Parteiwillen die Zurverfügungstellung der Arbeitskraft erreicht und entlohnt werden soll oder ob die Herstellung eines bestimmten (gewährleistungstauglichen) Arbeitserfolgs Ziel des Vertrages und Grund der Entgeltzahlung ist[53]. Für den Werkvertrag ist daher auch die Regelung des Entgelts ausschlaggebend, das unabhängig davon zusteht, wie viele Arbeitsstunden tatsächlich gearbeitet wurden.

---

49 *Rebhahn,* Dienstnehmerbegriff und persönliche Abhängigkeit bei Vertretungsbefugnis, wbl 1998, 277 (278).

50 Vgl zB VwGH 19. 10. 2005, 2002/08/0242, ASoK 2006, 310 mit Bespr von *Höfle* = ARD 5674/7/2006 = ASoK 2006, 318; VwGH 4. 7. 2007 2006/08/0193, SVSlg 52.873 = SVSlg 55.247 = ARD 5860/7/2008 = infas 2008, S 1; VwGH 14. 2. 2013 2012/08/0268.

51 Vgl zB *Löschnigg/Resch* (Hrsg), BAGS-KV 2013 (2013) § 2 Erl 6.

52 *Löschnigg,* Der Arbeitsvertrag – Abgrenzung, Kombination und Mehrfachabschluss, in Resch (Hrsg), Abhängiger Arbeitsvertrag versus Selbstständigkeit (2006) 15 (17 f).

53 Vgl zB OGH 10. 1. 1984 4 Ob 164/83, DRdA 1985, 389 mit Bespr von *Csebrenyak* = SZ 57/1 = RdW 1984,178 = JBl 1984,625; OGH 21. 10. 1987, 14 ObA 77/87, DRdA 1989, 411 mit Bespr von *Bydlinski* = ARD

4.4.2 Sozialversicherungsrechtliche Beurteilung

Ein/Eine WerkunternehmerIn als Selbstständige/Selbstständiger, insb als Mitglied der Kammer für gewerbliche Wirtschaft gem § 2 Abs 1 Z 1 GSVG oder als neue Selbstständige/neuer Selbstständiger gem § 2 Abs 1 Z 4 GSVG, unterliegt der Versicherungspflicht nach dem GSVG. Der/Die WerkunternehmerIn handelt aber ebenso wie der/die freie DienstnehmerIn persönlich selbstständig, weshalb solche Vertragsverhältnisse nach dem Gegenstand der Leistung und deren Dauer abgegrenzt werden müssen. Bei der Abgrenzung orientiert sich der VwGH an der zivilrechtlichen Beurteilung[54].

Beim Werkvertrag kommt es darauf an, dass das Ergebnis der Arbeitsleistung ein Werk, dh eine geschlossene Einheit, darstellt, welches bereits im Vertrag (also im Vorhinein) individualisiert und konkretisiert wurde. Der Werkvertrag begründet ein Zielschuldverhältnis. Die Verpflichtung besteht darin, die präzise umrissene Leistung – in der Regel bis zu einem bestimmten Termin – zu erbringen. Mit der Erbringung der Leistung endet das Vertragsverhältnis[55]. Der/Die Werkleistungsverpflichtete schuldet daher – nicht wie der/die DienstnehmerIn oder freie DienstnehmerIn – nicht nur bloße sorgfältige Arbeitsleistung, sondern eine bestimmte Qualität. Gegenstand eines Werkvertrags muss daher ein bestimmter abgrenzbarer und gewährleistungstauglicher Erfolg sein, insb müssen aus der Vereinbarung die ordnungsgemäße Erbringung eines Werkes sowie ein erfolgsbezogenes Entgelt erkennbar sein[56].

3963/6/88 = wbl 1988, 91; OGH 18. 12. 1991, 9 ObA 225/91, ARD 4350/16/92 = infas 1992, A 71.

54 *Tomandl,* Der rätselhafte freie Dienstnehmer, ZAS 2006, 248 (253 f).

55 Vgl zB VwGH 20. 5. 1980, 2397/79, Arb 9876 = VwSlg 10140 A/1980 = DRdA 1981, 52; VwGH 5. 6. 2002, 2001/08/0107, SVSlg 47.799 = ARD 5330/17/2002 = infas 2002, S 45; VwGH 21. 12. 2005, 2004/08/0066, SVSlg 52.888 = ARD 5674/9/2006 = DRdA 2006, 243 = RdW 2006, 303 = SWK 2006, 855.

56 VwGH 5. 6. 2002, 2001/08/0107, SVSlg 47.799 = ARD 5330/17/2002 = infas 2002, S 45; VwGH 24. 1. 2006, 2004/08/0101, SVSlg 52.955 = infas 2006, S 28.

4.5 Ausbildungsverhältnisse

4.5.1 Praktikanten- bzw Volontariatsvertrag

4.5.1.1 Arbeitsrechtliche Beurteilung

Im Gegensatz zum Arbeitsvertrag, freien Dienstvertrag und Werkvertrag werden Volontariate, Praktika und sonstige Ausbildungsverhältnisse durch ihren Lern- und Ausbildungszweck charakterisiert. Dabei muss nach der herrschenden Ansicht[57] die konkrete Beschäftigung objektiv und hauptsächlich im Interesse des/der Auszubildenden vom Ausbildungszweck bestimmt und geprägt sein und darf nicht im Interesse der Betriebsinhaberin/des Betriebsinhabers an Arbeitsleistungen für seinen Betrieb primär an betrieblichen Zwecken und Erfordernissen orientiert sein. Für die rechtliche Qualifikation eines Vertrags kommt es nicht auf den Rechtsfolgewillen der Parteien oder die von ihnen gewählte Bezeichnung des Vertrages an. Vielmehr ist im Rahmen einer Gesamtbetrachtung anhand der tatsächlichen und rechtlichen Ausgestaltung des Vertragsverhältnisses zu beurteilen, ob es sich um ein Arbeitsverhältnis (unter Umständen auch ein freies Dienstverhältnis oder einen Werkvertrag) oder ein Ausbildungsverhältnis handelt. Die Beweispflicht für das Vorliegen einer Ausbildungspraxis trifft dabei den/die ArbeitgeberIn[58]. Im Rahmen der Beurteilung deuten nach der Rsp des OGH insb folgende Merkmale auf das Vorliegen eines Ausbildungsverhältnisses:

- Die Pflicht zur Arbeitsleistung des/der Beschäftigten fehlt oder ist deutlich verringert[59]. Gerade bei der zeitlichen Gestaltung seiner Anwesenheit im Betrieb kommen dem/der Auszubilden-

[57] Vgl zB OGH 11. 10. 1995, 9 ObA 176/95, DRdA 1996, 408 mit Bespr von *Spitzl* = ZAS 1997, 15 mit Bespr von *Risak* = SZ 68/184; OGH 13. 3. 2002, 9 ObA 288/01w, ARD 5366/11/2002 = ASoK 2003, 58 = infas 2002, A 79; *Radner* in Mazal/Risak (Hrsg), Das Arbeitsrecht – System und Praxiskommentar (Losebl) Rz 96.

[58] OGH 13. 3. 2002, 9 ObA 288/01w, ARD 5366/11/2002 = ASoK 2003, 58 = infas 2002, A 79.

[59] OGH 16. 11. 1988, 9 ObA 255/88, SZ 61/250 = wbl 1989, 218 = RdW 1990, 26; vgl auch *Radner* in Mazal/Risak (Hrsg), Das Arbeitsrecht – System und Praxiskommentar (2013) Rz 101, für den die fehlende Arbeitspflicht das ausschlaggebende Argument ist.

den größere Freiheiten zu[60]. Die Koordination eines vielseitigen Einsatzes durch einen Dienstplan ist allerdings nicht grundsätzlich unzulässig, soll einem/einer Auszubildenden mit der Integration in den Dienstbetrieb – wenngleich ohne sanktionsbewehrte Arbeitsverpflichtung – doch auch ein Gefühl für die zu erwartende Arbeitsbelastung und den Arbeitsalltag gegeben werden[61].

- Die Bestimmungsfreiheit des/der Beschäftigten gegenüber dem/der BeschäftigerIn ist im Unterschied zu den sonstigen Arbeitnehmerinnen/Arbeitnehmern eines Betriebs nicht weitgehend ausgeschaltet und der/die BeschäftigerIn kann über die Arbeitskraft einer Praktikantin/eines Praktikanten nicht so wie über jene einer sonstigen Arbeitnehmerin/eines sonstigen Arbeitnehmers zur Erreichung des Betriebszwecks verfügen[62].
- Die Tätigkeiten wechseln der Art nach und erstrecken sich auf mehrere Betriebsbereiche, und zwar möglichst nach Wahl des/der Auszubildenden und nicht nach Maßgabe der am jeweiligen Arbeitsanfall orientierten Betriebserfordernisse[63].
- Für ein Überwiegen des Ausbildungszwecks spricht ferner, dass der/die Beschäftigte Arbeiten, die nicht dem Ausbildungszweck dienen (zB gänzlich ausbildungsfremde Tätigkeiten oder zwar dem Ausbildungszweck dienende, aber reine Hilfsarbeiten einfacher Art), nur in einem zeitlich vernachlässigbaren Ausmaß verrichtet[64]. So wird das Vorliegen eines Arbeitsverhältnisses bejaht, wenn der/die Beschäftigte zur Bewältigung von Arbeitsspitzen oder zur Vertretung von auf Urlaub befindlichen Arbeitnehmerinnen/Arbeitnehmern eingesetzt wird und

60 OGH 13. 3. 2002, 9 ObA 288/01w, ARD 5366/11/2002 = ASoK 2003, 58 = infas 2002, A 79.

61 OGH 29. 1. 2013, 9 ObA 150/12t, ZAS 2013, 332 mit Bespr von *Körber-Risak* = ARD 6318/5/2013 = DRdA 2013, 429.

62 OGH 11. 10. 1995, 9 ObA 176/95, DRdA 1996, 408 mit Bespr von *Spitzl* = ZAS 1997, 15 mit Bespr von *Risak* = SZ 68/184.

63 OGH 13. 3. 2002, 9 ObA 288/01w, ARD 5366/11/2002 = ASoK 2003, 58 = infas 2002, A 79.

64 OGH 11. 10. 1995, 9 ObA 176/95, DRdA 1996, 408 mit Bespr von *Spitzl* = ZAS 1997, 15 mit Bespr von *Risak* = SZ 68/184.

den/die UnternehmerIn damit entlastet[65]. Zu beachten ist, dass die Verwertbarkeit von Arbeitsergebnissen dem Lern- und Ausbildungscharakter einer Beschäftigung nicht von vornherein entgegensteht[66].

- Vielfach wird auch die fehlende Verpflichtung zur Entgeltleistung an den Beschäftigten als Kriterium für ein Ausbildungsverhältnis angeführt (vgl zB § 3 Abs 5 lit a AuslBG).

Der Praktikantenvertrag unterscheidet sich vom Volontariatsvertrag durch das dem Vertragsverhältnis zugrunde liegende Ausbildungsmotiv. Während der/die VolontärIn durch die Arbeit im Betrieb für eine anderweitige Beschäftigung praktische Kenntnisse und Fertigkeiten durch Handanlegen aneignet, verübt der/die PraktikantIn die praktische Tätigkeit in Ergänzung zu einer theoretischen, meist schulischen- oder hochschulmäßigen Ausbildung[67].

Für Praktikanten- und Volontariatsverhältnisse finden sich keine vergleichbaren Bestimmungen wie für Lehrlinge im BAG. Sie unterliegen mangels eines Arbeitsverhältnisses auch nicht den arbeitsrechtlichen und kollektivvertraglichen Bestimmungen, weshalb sie ua auch keinen Entgeltanspruch haben. Nur in wenigen Gesetzen werden diese Rechtsverhältnisse ausdrücklich einbezogen, wie zB ASchG, AuslBG, ASGG und KautSchG. Darüber hinaus wird vom Großteil der Lehre[68] die Ansicht vertreten, dass das DHG auf Volontärinnen/Volontäre und Praktikantinnen/Praktikanten anzuwenden ist. *Radner*[69] tritt zudem auch für eine analoge Anwendung der §§ 3 bis 9 MSchG (Verwendungsschutz) ein. Im Gegensatz zum I. Teil des ArbVG, unter den sie nur bei entsprechender vertraglicher Ar-

---

65 OLG Wien 7. 4. 1997, 9 Ra 435/96y, ARD 4845/26/97.

66 OGH 29. 1. 2013, 9 ObA 150/12t, ZAS 2013, 332 mit Bespr von *Körber-Risak* = ARD 6318/5/2013 = DRdA 2013, 429.

67 *Löschnigg,* Arbeitsrecht^{11} (2011) 190; *Radner,* Die (arbeits-)rechtliche Stellung von Praktikanten und Volontären, DRdA 2001, 3 (5 f).

68 Vgl zB *Kerschner,* Dienstnehmerhaftpflichtgesetz^{2} (2004) § 1 Rz 8; *Radner,* Die (arbeits-)rechtliche Stellung von Praktikanten und Volontären, DRdA 2001, 3 (137); *Wachter* in Schwimann (Hrsg), ABGB Praxiskommentar VII^{3} (2005) § 1 DHG Rz 28, 30.

69 *Radner,* Die (arbeits-)rechtliche Stellung von Praktikanten und Volontären, DRdA 2001, 3 (137 f).

beitspflicht einzuordnen sind[70], sind sie unter den betriebsverfassungsrechtlichen II. Teil des ArbVG gem § 36 Abs 2 Z 7 ArbVG nur dann nicht einzubeziehen, wenn die Ausbildung von kurzfristiger Dauer ist. Nicht nur Gesetze, sondern auch manche Kollektivverträge enthalten eigene Bestimmungen für Praktikantinnen/Praktikanten und Volontärinnen/Volontäre außerhalb eines Arbeits- oder Lehrverhältnisses. So legt der Kollektivvertrag für die Angestellten in Reisebüros in der Fassung vom 1. 1. 2013 in Punkt XVII.A.13 fest, dass in Hinblick auf die Höhe des Taschengelds für Praktikantinnen/Praktikanten, die eine im Rahmen des Lehrplanes bzw der Studienordnung vorgeschriebene praktische Tätigkeit ausüben, die Geringfügigkeitsgrenze gem § 5 Abs 2 ASVG zu beachten ist. Nach herrschender Ansicht[71] kommt jedoch den Kollektivvertragsparteien keine entsprechende Regelungsbefugnis für Ausbildungsverhältnisse zu, da die Regelungsbefugnis des § 2 Abs 2 Z 2 ArbVG nur Arbeitsverhältnisse umfasst. Folglich erzeugen diese Bestimmungen keine normative Wirkung, sondern nur eine schuldrechtliche Wirkung, sodass sich die Kollektivvertragsparteien lediglich verpflichten, auf ihre Mitglieder einzuwirken, um entsprechende Einzelvereinbarungen abzuschließen. Wenn die Parteien des Ausbildungsvertrags den Kollektivvertragsklauseln widersprechende Vereinbarungen (zB ein niedrigeres Taschengeld) abschließen, sind diese trotzdem gültig.

4.5.1.2 Alternative Beurteilungsansätze in der Lehre

Die Lehre befasst sich eingehend mit dem Ausbildungsvertrag und dessen Abgrenzung zu anderen Beschäftigungsformen. In Abkehr von der oben dargestellten „entweder-oder-Rsp“ vertritt *Radner*[72] gerade bei schul- oder studienrechtlich angeordneten Praktika die

---

70 *Strasser* in Strasser/Jabornegg/Resch (Hrsg), ArbVG (Losebl) § 1 Rz 7.

71 Vgl zB VwGH 16. 6. 2004, 2000/08/0110, ARD 5519/9/2004 = DRdA 2004, 468; *Rauch*, Das Ferialpraktikum – Wesentlich ist die Unterscheidung zwischen einem Ferialarbeitnehmer und einem Volontär-Ferialpraktikanten, ASoK 1998, 218 (220); *Radner*, Die (arbeits-)rechtliche Stellung von Praktikanten und Volontären, DRdA 2001, 3 (14 f).

72 *Radner*, Die (arbeits-)rechtliche Stellung von Praktikanten und Volontären, DRdA 2001, 3 (130 ff); *Radner* in Mazal/Risak (Hrsg), Das Arbeitsrecht – System und Praxiskommentar (Losebl) Rz 103.

sog „Kernbereichs-/Randbereichsthese". Nach seiner Ansicht sei eine Aufspaltung in einen von der Arbeitspflicht gekennzeichneten Kernbereich und einen von der Wahlfreiheit der Praktikantin/des Praktikanten beherrschten Randbereich sinnvoll, deren Verhältnis zueinander im Einzelfall je nach den Anforderungen der schul- oder studienrechtlichen Vorschriften und der tatsächlichen Ausgestaltung des Vertragsverhältnisses bestimmt werden könne. Für den als (Teilzeit-)Arbeitsverhältnis zu wertenden Kernbereich stehe der Praktikantin/dem Praktikanten ein (aliquoter) Entgeltanspruch zu, welcher sich nach den gesetzlichen oder kollektivvertraglichen Bestimmungen richte[73]. Er begründet dies insb mit der schul- oder studienrechtlich angeordneten Arbeitspflicht der Studierenden hinsichtlich bestimmter (Kern-)Tätigkeiten zur positiven Absolvierung der Praktika, die entweder ausdrücklich (oder konkludent) in das Vertragsverhältnis einfließe oder zumindest vom Bewusstsein der Vertragsparteien getragen sei[74]. Eine ähnliche Ansicht vertritt auch *Rebhahn*[75], der allerdings nicht auf die Kernbereichs-/Randbereichsthese zurückgreift, sondern bei schul- oder studienrechtlich verpflichtenden Praktika vor allem auf die Tätigkeit per se abstellt, um diese von anderen Beschäftigungsformen abzugrenzen. Im Randbereich des Praktikums herrscht nach *Radner*[76] keine Arbeitspflicht, sondern eine „Selbstbindung" der Praktikantin/des Praktikanten durch schul- oder studienrechtliche Bestimmungen, die diverse Tätigkeiten oder Beobachtungen von Betriebsabläufen vorschreiben. Er/Sie sei im Gegensatz zum Kernbereich nur angehalten „etwas zu tun", „was er/sie tut" obliege ihm/ihr und sei der Verfügung der Beschäftigerin/des Beschäftigers entzogen. In diesem Zusammenhang vertritt auch *Spitzl*[77] in Einklang mit der Rsp des VwGH[78] die Ansicht, dass

73 *Radner* in Mazal/Risak (Hrsg), Das Arbeitsrecht – System und Praxiskommentar (Losebl) Rz 103.

74 *Radner*, Die (arbeits-)rechtliche Stellung von Praktikanten und Volontären, DRdA 2001, 3 (131).

75 *Rebhahn* in Neumayr/Reissner (Hrsg), Zeller Kommentar zum Arbeitsrecht I^2 (2011) § 1151 ABGB Rz 157.

76 *Radner*, Die (arbeits-)rechtliche Stellung von Praktikanten und Volontären, DRdA 2001, 3 (132).

77 *Spitzl*, DRdA 1996, 408 (412).

78 VwGH 31. 1. 1995, 93/08/0150, ARD 4684/24/95 = ZfVB 1996/677;

dann, wenn für ein Arbeitsverhältnis typische Bindungen für eine schul- oder studienrechtlichen Bestimmungen entsprechende Absolvierung des Pflichtpraktikums notwendig sind, ein solches Praktikum eben nur im Rahmen eines Arbeitsverhältnisses möglich ist.

Risak[79] kritisiert, dass der OGH[80] die Tätigkeiten einer Praktikantin/eines Praktikanten nicht als Arbeitsverhältnis qualifiziert, obwohl die von der Judikatur entwickelten Abgrenzungsmerkmale, insb persönliche Abhängigkeit und Weisungsgebundenheit, vorliegen, wenn diese durch den Ausbildungszweck bedingt sind. Nach seiner Ansicht spreche die historische Betrachtung des § 1151 ABGB dafür, Arbeiten in persönlicher Abhängigkeit, bei denen der Ausbildungsgesichtspunkt im Vordergrund stehe, auch unter die genannte Gesetzesstelle als Arbeitsverhältnis zu subsumieren. Er zieht einen Vergleich zu den Lehrlingen nach BAG, welche nach stRsp des OGH[81] als ArbeitnehmerInnen zu qualifizieren sind, obwohl auch bei ihnen der Ausbildungszweck im Vordergrund steht. Auf die Ähnlichkeit dieser Beschäftigungsverhältnisse, welche beide der Erfüllung eines Ausbildungserfordernisses dienen, stellt der OGH[82] selbst ab, wenn er bspw bei der Beurteilung der Zulässigkeit einer Kündigungsmöglichkeit bei einem befristeten Ferialpraktikantenverhältnis der Schülerin einer berufsbildenden Schule ausdrücklich auf die im BAG zum Ausdruck kommenden Wertungen des Gesetzgebers verweist.

VwGH 12. 12. 1995, 93/08/0256, ARD 4765/31/96 = ZfVB 1997/1080; vgl hiezu 4.5.1.3.

79 *Risak,* ZAS 1997, 15 (18 f).

80 OGH 11. 10. 1995, 9 ObA 176/95, DRdA 1996, 408 mit Bespr von *Spitzl* = ZAS 1997, 15 mit Bespr von *Risak* = SZ 68/184.

81 Vgl zB OGH 10. 11. 1953, 4 Ob 162/53, Arb 5863 = SozM IB, 49; OGH 21. 6. 1977, 5 Ob 308/77, Arb 9596 = SZ 50/92; OGH 7. 10. 1998, 9 ObA 193/98t, Arb 11.788 = ARD 4984/12/98 = RdW 1999, 220.

82 OGH 30. 11. 1995, 8 ObA 305/95, DRdA 1996, 404 mit Bespr von *Geist* = Arb 11.457 = RdW 1996, 173.

4.5.1.3 Sozialversicherungsrechtliche Beurteilung

Die Sozialversicherungspflicht von Praktikantinnen/Praktikanten und Volontärinnen/Volontären weist eine durchaus wechselvolle Geschichte auf. Vor der 49. ASVG-Novelle[83] waren SchülerInnen und Studentinnen/Studenten während der im Lehrplan oder in der Studienordnung vorgeschriebenen praktischen Tätigkeit in der Unfallversicherung teilversichert. Übten sie jedoch diese praktische Tätigkeit in persönlicher und wirtschaftlicher Abhängigkeit gegen Entgelt aus, waren sie DienstnehmerInnen im sozialversicherungsrechtlichen Sinn und gem § 4 Abs 2 ASVG vollversichert. Dies führte nach Ansicht des Hauptverbandes der Sozialversicherungsträger in der Praxis zu einer sachlich nicht gerechtfertigten Unterscheidung der Ferialpraktikantinnen/Ferialpraktikanten hinsichtlich ihrer Versicherungspflicht. Auf Anregung des Hauptverbandes wurde daher eine Novellierung des ASVG vorgeschlagen und letztlich beschlossen[84].

Durch die neu eingefügte Z 11 in § 4 Abs 1 ASVG wurden sämtliche SchülerInnen und Studentinnen/Studenten in die Vollversicherungspflicht einbezogen, die eine im Rahmen des Lehrplans bzw der Studienordnung vorgeschriebene oder übliche praktische Tätigkeit ausüben, wenn diese Tätigkeit nicht im Rahmen eines Dienst- oder Lehrverhältnisses ausgeübt wird. Dieser durchaus fortschrittliche Ansatz in der österreichischen Sozialversicherung wurde durch die 65. ASVG-Novelle[85] wieder beseitigt. Die Gesetzesmaterialien[86] begründen dies folgendermaßen: „Das Bundesministerium für Bildung, Wissenschaft und Kultur sowie eine Reihe von Praktikumsanbietern haben die Forderung erhoben, die Bestimmungen über diese besondere Vollversicherung aufzuheben, insb im Hinblick darauf, dass für Praktikantinnen/Praktikanten, die kein Entgelt beziehen, eine fiktive Beitragsgrundlage zur Anwendung gelangt. Diese Beitragspflicht erschwere die Offerierung von Ausbildungsplätzen bzw der in den Lehrplänen vorgeschriebenen Praktika. Vom Bildungsressort wird in diesem Zusammenhang ins Treffen geführt, dass die ge-

---

83 BGBl 294/1990.

84 Vgl RV 1277 BlgNR 17. GP, 14.

85 Sozialversicherungs-Änderungsgesetz 2005, BGBl 132/2005.

86 RV 1111 BlgNR 22. GP, 3.

nannte Regelung bei den Universitäten, den Studierenden, den SchülerInnen, aber auch deren Eltern großen Unmut erzeugt, da sie letzten Endes dazu führe, dass im Rahmen der einzelnen Studien bzw Schulausbildungen immer weniger Praktika absolviert werden können. Dies laufe dem Interesse an einer guten Berufs- bzw Schulausbildung zuwider. Um SchülerInnen und Studierende bei der Ausübung der im Rahmen des Lehrplans bzw der Studienordnung vorgeschriebenen oder üblichen, zum Teil durchaus gefahrengeneigten praktischen Tätigkeit dennoch hinreichend abzusichern, werden im Bereich der Unfallversicherung hinsichtlich des Anspruchs auf Versehrtenrente (§ 203 ASVG), der Bildung der Gesamtrente (§ 210 ASVG) sowie des Versehrtengelds (§ 212 Abs 3 ASVG) Neuregelungen getroffen." Damit stellt jedenfalls der Gesetzgeber klar, dass die Gruppe der Pflichtpraktikantinnen/Pflichtpraktikanten keiner „sozialversicherungsrechtlichen Automatik" unterliegt, sondern dass stets zu prüfen ist, ob nicht von einem Beschäftigungsverhältnis iSd § 4 Abs 2 ASVG auszugehen ist. Gleichzeitig ist zu beachten, dass das ASVG in weiterer Folge nur den Begriff der Volontärin/des Volontärs (§ 8 Abs 1 Z 3 lit c ASVG), nicht aber jenen der Praktikantin/des Praktikanten aufnimmt.

Der VwGH musste sich früh und wiederholt der Diskussion zur Abgrenzung zwischen sozialversicherungsrechtlichem Dienstverhältnis und Ausbildungsverhältnis stellen. Vor allem in zwei fast gleichlautenden Entscheidungen zu Ferialpraktikantinnen/Ferialpraktikanten prüfte das Höchstgericht, worin die Zielsetzung des Rechtsverhältnisses überwiegend liegt. Dominiert der Ausbildungszweck, handelt es sich um ein Ausbildungsverhältnis, überwiegt die Absicht, Arbeitsleistungen (gegen Entgelt) zu erhalten, ist von einem Dienstverhältnis auszugehen.

Auch bei einem vom Ausbildungszweck geprägten Rechtsverhältnis wird sich der/die Beschäftigte regelmäßig aus Gründen der Betriebssicherheit, der notwendigen Anpassung an das Betriebsgeschehen oder aus ähnlichen Sachgründen in der Regel auch an Arbeitsabläufe sowie an Arbeitszeiten und die Arbeitsorte der Belegschaft halten und diesen Umständen entsprechende Weisungen befolgen müssen. Er/Sie wird auch – schon um sein Ausbildungsziel zu erreichen – unter Umständen während der gesamten betrieblichen Arbeitszeit tätig und sich aus diesen Gründen auch allfälligen Anordnungen betreffend das Arbeitsverfahren und das arbeitsbezogene Verhalten fügen müssen. Es wird daher insofern, also aufgrund und nach Maßgabe dieser Umstände, auch eine Bindung eines/einer so Beschäftigten an Ordnungsvorschriften hinsichtlich Arbeitszeit, Arbeitsort, Arbeitsverfahren und arbeitsbezogenes Verhalten bestehen[87]. Die persönliche Abhängigkeit kann aber nach Ansicht des VwGH[88] erst dann verneint werden, „wenn der Ausbildungszweck die konkrete Beschäftigung auch inhaltlich in erster Linie prägt". Eine Anpassung an das Betriebsgeschehen dürfe die Bestimmungsfreiheit gegenüber dem Betriebsinhaber nicht weitgehend ausschalten.

Als Kriterien für das Überwiegen des Ausbildungszwecks führt der VwGH[89] in beispielhafter Form an:

- Verrichtung von ausbildungsfremden Arbeiten nur in einem zeitlich vernachlässigbaren Ausmaß;
- Wechsel der Art der Tätigkeit, und zwar tunlichst nach Wahl des/der Auszubildenden (wenn auch unter Bedachtnahme auf die betrieblichen Sacherfordernisse) und nicht nach Maßgabe der am jeweiligen Arbeitsanfall orientierten Betriebserfordernisse;
- den Sacherfordernissen angepasste Möglichkeit zur Mitbestimmung der Arbeitsabläufe insoweit, als sich der/die Beschäftigte je nach Interesse oder Ausbildungserfordernissen bei einzelnen Tätigkeiten unabhängig von den Betriebserfordernissen länger aufhalten kann;

87 VwGH 11. 12. 1990, 88/08/0269, ZAS 1992, 102 mit Bespr von *Andexlinger* = VwSlg 13336 A/1990 = ARD 4252/6/91 = ZfVB 1992/101; siehe weiters VwGH 19. 3. 1984, 81/08/0061, VwSlg 11361/A = ZfVB 1985/161 sowie insb zur „Bindung aus pädagogischen Gründen" VwGH 2. 7. 1958, 1613/57, VwSlg 4716/A; VwGH 1. 6. 1960, 1322/56; VwGH 22. 4. 1964, 2319/63.

88 VwGH 31. 1. 1995, 93/08/0150, ARD 4684/24/95 = ZfVB 1996/677; VwGH 12. 12. 1995, 93/08/0256 , ARD 4765/31/96 = ZfVB 1997/1080.

89 Vgl zB VwGH 11. 12. 1990, 88/08/0269, ZAS 1992, 102 mit Bespr von *Andexlinger* = VwSlg 13336 A/1990 = ARD 4252/6/91 = ZfVB 1992/101; VwGH 31. 1. 1995, 93/08/0150, ARD 4684/24/95 = ZfVB 1996/677; VwGH 12. 12. 1995, 93/08/0256 , ARD 4765/31/96 = ZfVB 1997/1080.

- größere Freiheit bei der zeitlichen Gestaltung seiner Anwesenheit im Betrieb als für sonstige Beschäftigte;
- Unentgeltlichkeit;
- die Initiative für die Beschäftigung geht vom/von der Beschäftigten aus bzw das Interesse des/der Beschäftigten daran überwiegt.

Gegen ein Überwiegen des Ausbildungszwecks spricht insb

- die Verpflichtung von Mehr- und Überstundenarbeit bzw die tatsächliche Heranziehung zu Überstunden;
- Entgeltlichkeit;
- die vorwiegend an betrieblichen Zwecken und Erfordernissen orientierte Beschäftigung (zB Beschäftigung als Urlaubsvertretung eines/einer ArbeitnehmerIn);
- die zeitlich nicht vernachlässigbare Verrichtung ausbildungsfremder Arbeiten oder reiner Hilfsarbeiten einfacher Art.

Ist im Einzelfall die Zuordnung auch anhand obiger Kriterien zweifelhaft, dann ist nach Ansicht des VwGH[90] ein Beschäftigungsverhältnis nach § 4 Abs 2 ASVG anzunehmen („im Zweifel für den Sozialversicherungsschutz").

Die Kriterien für oder gegen ein Ausbildungs- oder Beschäftigungsverhältnis können sich aus dem Vertrag, den gelebten Umständen oder aus konkreten (gesetzlichen, im Verordnungsweg erlassenen, in Richtlinien geregelten) Ausbildungsvorschriften ergeben. In diesem Sinn ist nach der Rsp des VwGH[91] ein Beschäftigungsverhältnis iSd § 4 Abs 2 ASVG jedenfalls dann anzunehmen, wenn die zeitlichen, örtlichen und inhaltlichen Bindungen einer (Ferial-)Praktikantin/eines (Ferial-)Praktikanten für eine den schul- oder studienrechtlichen Bestimmungen entsprechende Absolvierung des Pflichtpraktikums erforderlich sind. Hinsichtlich des obigen Kriteriums der Unentgeltlichkeit ist zu beachten, dass die Gewährung einer freiwilligen Gratifikation (zB € 5,10 pro Anwesenheitsstunde als Anreiz) oder freien Station ein Ausbildungsverhältnis nicht von vornherein

[90] VwGH 11. 12. 1990, 88/08/0269, ZAS 1992, 102 mit Bespr von *Andexlinger* = VwSlg 13336 A/1990 = ARD 4252/6/91 = ZfVB 1992/101.

[91] VwGH 31. 1. 1995, 93/08/0150, ARD 4684/24/95 = ZfVB 1996/677; VwGH 12. 12. 1995, 93/08/0256, ARD 4765/31/96 = ZfVB 1997/1080.

ausschließt[92]. Ähnliches gilt im Übrigen auch bezüglich der Lohnsteuerpflicht und einer daraus abzuleitenden Vollversicherungspflicht als DienstnehmerIn gem § 4 Abs 2 zweiter Satz ASVG. Im Hinblick darauf, dass der für die Lohnsteuerpflicht maßgebende § 47 Abs 2 EStG eine Verpflichtung zur Arbeitsleistung voraussetzt, welche bei Auszubildenden eben gerade nicht vorliegt, ist eine Vollversicherung als DienstnehmerIn aus dem Grund des § 4 Abs 2 zweiter Satz ASVG (bzw eine Teilversicherung als geringfügig Beschäftigte/r nach § 7 Z 3 lit a ASVG) nicht anzunehmen[93].

Fraglich ist, ob die neuere Rsp des VwGH nicht ein gewisses Umdenken einleitet. In der zentralen Entscheidung vom 17. 10. 2001, 96/08/0101[94], geht das Höchstgericht nämlich davon aus, dass bei der Auslegung von Volontariatsverhältnissen „auf das arbeitsrechtliche Begriffsverständnis abzustellen ist". Daraus könnte geschlossen werden, dass ein großzügigeres Verständnis von Ausbildungsverhältnissen seitens des OGH (vgl hiezu 4.5.1.1) sich auch auf die Spruchpraxis des VwGH niederschlägt. Bei genauerer Betrachtung dieser Entscheidung kommt man jedoch eher zu gegenteiliger Ansicht. Zum einen verweist der VwGH an anderer Stelle weiterhin auf die Präzedenzfälle aus den 1990er-Jahren. Zum anderen greift er den – auch in der arbeitsrechtlichen Judikatur zitierten – § 3 Abs 5 lit a AuslBG auf, wonach der/die VolontärIn als Person definiert wird, die ausschließlich zum Zwecke der Erweiterung und Anwendung von Kenntnissen zum Erwerb von Fertigkeiten für die Praxis ohne Arbeitspflicht und ohne Entgeltanspruch (bis zu drei Monaten im Jahr) beschäftigt werden. „Liegt auch nur eine dieser im § 3 Abs 5 AuslBG normierten Voraussetzungen nicht vor, kann von einer Tätigkeit als VolontärIn nicht gesprochen werden". Insofern kommt es zu keiner Tendenzwende in der Judikatur. Wenn der VwGH schon auf das AuslBG zurückgreift, dann ist aber wohl auch die dortige Begriffsbildung zu den Ferial- und Berufspraktikantinnen/Ferial- und

[92] VwGH 22. 2. 2012, 2011/08/0114, ARD 6253/10/2012 = DRdA 2012, 525.

[93] VwGH 14. 3. 2013, 2011/08/0015, ARD 6324/10/2013 = DRdA 2013, 434.

[94] VwGH 17. 10. 2001, 96/08/0101, VwSlg 15697 = ARD 5283/13/2002 = ZfVB 2003/132; siehe auch VwGH 14. 3. 2013, 2011/08/0015, ARD 6324/10/2013 = DRdA 2013, 434.

Berufspraktikanten nicht zu ignorieren. Das Gesetz definiert in der normierten Bestimmung das Ferial- oder Berufspraktikum als Tätigkeit, die Schülerinnen/Schülern eines geregelten Lehr- oder Studiengangs an einer inländischen Bildungseinrichtung mit Öffentlichkeitsrecht vorgeschrieben ist. Vorausgesetzt wird aber – ohne dass das AuslBG dies in die Begriffsbildung aufnimmt –, dass kein (verdecktes) Arbeitsverhältnis vorliegt[95].

Zusammenfassend kann daher davon ausgegangen werden, dass prima facie ein Ausbildungsverhältnis vorliegt, wenn der Ausbildungszweck der Tätigkeit durch Schul- oder Studienordnungen von (vor allem öffentlich-rechtlichen) Bildungseinrichtungen dokumentiert wird und die Erreichung gewisser Ausbildungsziele verlangt und überprüft wird und für einen bestimmten Schul- oder Studienerfolg bzw Schul- oder Studienabschluss unabdingbar ist. Im Einzelfall ist aber zu prüfen, ob nicht die Ausbildungsziele selbst oder die Ausgestaltung des Rechtsverhältnisses zu einer Tätigkeit im Rahmen eines Beschäftigungsverhältnisses iSd § 4 Abs 2 ASVG führen. Entscheidend sind die Rahmenbedingungen bei der Erbringung der (für die Ausbildung) geforderten Tätigkeiten. Diese Rahmenbedingungen sind gestaltbar, teils durch regelmäßig vorhandene öffentlich-rechtliche Studienordnungen, teils durch den privatrechtlichen Ausbildungsvertrag.

4.5.2 Lehrverhältnis

Das BAG regelt die Ausbildung von Lehrlingen. Nach § 1 BAG sind Lehrlinge Personen, die aufgrund eines Lehrvertrages zur Erlernung eines in der Lehrberufsliste angeführten Lehrberufes bei einem Lehrberechtigten fachlich ausgebildet und im Rahmen dieser Ausbildung verwendet werden. Nach stRsp des OGH[96] handelt es sich beim Lehrvertrag um ein vom Ausbildungszweck geprägtes Arbeitsverhältnis. Im Rahmen ihrer Ausbildung haben sie die für die Erlernung des

95 Siehe auch *Schnorr,* AuslBG[4] (1998) 43; VwGH 4. 9. 1990, 89/09/0127, ARD 4236/4/91 = ecolex 1990, 769 = ZfVB 1991/1343.

96 Vgl zB OGH 10. 11. 1953, 4 Ob 162/53, Arb 5863 = SozM IB, 49; OGH 21. 6. 1977, 5 Ob 308/77, Arb 9596 = SZ 50/92; OGH 7. 10. 1998, 9 ObA 193/98t, Arb 11.788 = ARD 4984/12/98 = RdW 1999, 220.

Lehrberufes erforderlichen Fertigkeiten und Kenntnisse zu erwerben und die ihnen im Rahmen der Ausbildung übertragenen Aufgaben unter Unterweisung des Lehrberechtigten ordnungsgemäß zu erfüllen (§§ 9 und 10 BAG). Grundsätzlich dauert das Lehrverhältnis bis zum Ablauf der vorgesehenen Lehrzeit. Nach Ablauf der Lehrzeit hat der/die ArbeitgeberIn den Lehrling im erlernten Beruf drei Monate weiterzuverwenden (§§ 13 und 18 BAG). Die sog Behaltepflicht ist unabdingbar und kann daher nicht beschränkt werden[97]. Allerdings sehen die §§ 15 und 15a BAG eine vorzeitige Auflösung aus wichtigem Grund sowie die Möglichkeit einer außerordentlichen Auflösung (ohne wichtigen Grund) zu bestimmten Terminen vor[98]. § 17 BAG normiert eine verpflichtende Lehrlingsentschädigung für die Auszubildenden, welche sich grundsätzlich nach dem anzuwendenden Kollektivvertrag richtet. Im Falle einer Erkrankung oder eines Unfalles haben die Lehrlinge Anspruch auf Entgeltfortzahlung für einen bestimmten Zeitraum (§ 17a BAG). Darüber hinaus kommt ihnen aufgrund ihrer Arbeitnehmereigenschaft subsidiär der Schutz typischer arbeitsrechtlicher Bestimmungen zugute (§ 34 Abs 2 BAG), wie zB das AVRAG oder das UrlG[99]. Insofern unterscheidet es sich von Praktikanten- und Volontariatsverhältnissen (siehe hiezu bereits unter 4.5.1.1) sowie von gesetzlich dekretierten Ausbildungsverhältnissen (siehe hiezu unter 4.5.3).

4.5.3 Per Gesetz dekretierte Ausbildungsverhältnisse

4.5.3.1 Unterrichtspraktikantinnen/Unterrichtspraktikanten

Das UPG regelt das Unterrichtspraktikum von Absolventinnen/Absolventen von Lehramts- bzw Diplomstudien verschiedener Studienrichtungen im Ausmaß von einem Jahr, die einen pädagogischen Beruf anstreben. Das Praktikum soll die angehenden Pädagoginnen/Pädagogen in das praktische Lehramt an mittleren und höheren

---

97 OGH 25. 1. 2006, 9 Ob A 170/05, DRdA 2007, 233 mit Bespr von *Wolliger* = ARD 5661/7/2006 = ASoK 2006, 439 = DRdA 2006, 242 = infas 2006, A 38 = RdW 2006, 455.

98 Vgl hiezu *Burger*, Stolpersteine auf dem Weg zum Ausbildungsübertritt, ZAS 2010, 162.

99 *Preiss/Spitzl* in Neumayr/Reissner (Hrsg), Zeller Kommentar zum Arbeitsrecht I^2 (2011) § 1 BAG Rz 18.

Schulen einführen und ihnen Gelegenheit geben, ihre Eignung für den Lehrberuf zu erweisen (§ 1 Abs 1 UPG). § 1 Abs 3 UPG normiert, dass die Ableistung des Unterrichtspraktikums kein Dienstverhältnis, sondern ein Ausbildungsverhältnis begründet[100]. Folglich kommen grundsätzlich keine arbeitsrechtlichen Bestimmungen zur Anwendung. Die Aufgaben und Verpflichtungen der Praktikantinnen/Praktikanten sowie die Sanktionen bei Pflichtverletzungen werden in den §§ 4 bis 13 UPG festgelegt. Für ihre Tätigkeit gebührt den Praktikantinnen/Praktikanten gem §§ 14 und 15 UPG ein Ausbildungsbeitrag in Höhe von 50% des jeweiligen Monatsentgelts einer/eines die volle Lehrverpflichtung erfüllenden Vertragslehrerin/Vertragslehrers. Zudem erhalten sie einen Kinderzuschuss sowie eine Vergütung von Supplierstunden. Der Ausbildungsbeitrag wird gekürzt, wenn der/die PraktikantIn eigenmächtig seinen/ihren Pflichten nicht nachkommt oder mehr als 26 Werktage verhindert ist (§ 16 UPG). Darüber hinaus werden typische arbeitsrechtliche Regelungen im UPG ausdrücklich verankert, um einen arbeitsrechtlichen Mindestschutz zu gewährleisten. Die Praktikantinnen/Praktikanten haben Anspruch auf Pflegefreistellung (§ 19 UPG), Reisegebühren und Fahrtkostenersätze bei schulischen Veranstaltungen (§ 20 UPG) und Urlaub während der Haupt- und sonstigen Ferien entsprechend den Lehrerinnen/Lehrern nach BDG (§ 21 UPG iVm § 219 BDG). Weiters gelten für sie die Bestimmungen der §§ 3 bis 9 MSchG über Beschäftigungsverbote vor und nach einer Geburt (§ 22 UPG) sowie eigene Anti-Diskriminierungsvorschriften aufgrund des Geschlechts (§ 22a UPG). Schließlich regelt § 23 UPG die vorzeitige Beendigung des Unterrichtspraktikums (zB gerechtfertigtes Fernbleiben von mehr als acht Wochen). § 4 Abs 1 Z 4 ASVG sieht für Unterrichtspraktikantinnen/Unterrichtspraktikanten eine Vollversicherung in der Kranken-, Unfall- und Pensionsversicherung vor.

4.5.3.2 Rechtspraktikantinnen/Rechtspraktikanten

Das RPG regelt die Gerichtspraxis von Rechtspraktikantinnen/Rechtspraktikanten nach Abschluss ihres juristischen Studiums im

[100] Vgl hiezu auch *Löschnigg*, Wochengeldberechnung unter Berücksichtigung von Probelehrerzeiten, DRdA 1982, 393.

Ausmaß von fünf Monaten. Es gibt ihnen die Möglichkeit, ihre Rechtskenntnisse zu erproben und zu vertiefen (§ 1 RPG). Auch sie stehen kraft gesetzlicher Anordnung in einem Ausbildungsverhältnis und nicht in einem Arbeitsverhältnis (§ 2 Abs 4 RPG). Die §§ 4 bis 12 RPG regeln den Ablauf der Ausbildung, die Aufgaben und Pflichten sowie Sanktionen bei Pflichtverletzungen. Bei schwerwiegenden Pflichtverletzungen kann der/die RechtspraktikantIn sogar von der Gerichtspraxis ausgeschlossen werden. Nach § 15 RPG haben sie Anspruch auf einen Ausbildungsbeitrag in Höhe von € 1.035 (Stand 1. 2. 2014) sowie auf (aliquote) Sonderzahlungen. Bei Unterbrechungen oder eigenmächtigem Fernbleiben sind die Zahlungen entsprechend zu kürzen (§ 18 RPG). Die Rechtspraktikantinnen/Rechtspraktikanten haben die Möglichkeit, die Ausbildung zu unterbrechen und später fortzusetzen. Eine ex-lege-Unterbrechung tritt bei einer Abwesenheit von mehr als zwölf Arbeitstagen ein (§§ 14 f RPG). Da auch auf sie keine arbeitsrechtlichen Bestimmungen anwendbar sind, regelt das RPG selbst einige typische arbeitsrechtliche Inhalte. So haben Rechtspraktikantinnen/Rechtspraktikanten Anspruch auf eine Freistellung im Ausmaß von 25 Arbeitstagen (bezogen auf ein Jahr; § 13 RPG) sowie auf eine Kinderzulage und einen Fahrtkostenzuschuss (§ 19 RPG). Schließlich gelten auch für sie die Bestimmungen des MSchG über Beschäftigungsverbote vor und nach einer Geburt (§ 24 RPG). § 4 Abs 1 Z 4 ASVG sieht für Rechtspraktikantinnen/Rechtspraktikanten eine Vollversicherung in der Kranken-, Unfall- und Pensionsversicherung vor.

4.5.3.3 Wissenschaftliche und künstlerische MitarbeiterInnen (in Ausbildung)

Wissenschaftliches und künstlerisches Personal an Universitäten nach Abschluss ihres Hochschulstudiums stehen seit Inkrafttreten des UG 2002 in einem privatrechtlichen Arbeitsverhältnis zur Universität[101]. Die alte Rechtslage vor dem UG 2002 sah vor, dass wis-

101 Vgl § 100 UG 2002; *Kucsko-Stadlmayer* in Mayer (Hrsg), Kommentar zum Universitätsgesetz^2 2002 (2010) § 100 II.2; siehe weiters *Dumpelnik,* Universitätsarbeitsrecht (2008); *Löschnigg/Sammer,* Universitätspersonalrecht in Österreich, in Löschnigg (Hrsg), Universitätspersonalrecht im internationalen Vergleich (2011); *Pfeil* (Hrsg), Personalrecht

senschaftliches und künstlerisches Personal (in Ausbildung) kraft gesetzlicher Anordnung in einem Ausbildungsverhältnis zum Bund standen. Das Rechtsverhältnis war öffentlich-rechtlicher Natur und erfolgte durch bescheidmäßige Bestellung befristet auf vier Jahre[102]. Rechtsgrundlage waren die §§ 6 ff UniAbgG[103]. Der Aufgabenkreis umfasste die Unterstützung bei Forschungsaufgaben und in der Lehre, organisatorische Tätigkeiten und selbstständige wissenschaftliche (künstlerische) Arbeiten. Wissenschaftliche MitarbeiterInnen in ärztlicher Verwendung hatten außerdem an der Untersuchung und Behandlung von Patientinnen/Patienten mitzuwirken. Die Vergütung erfolgte gem § 6 f UniAbgG durch einen Ausbildungsbeitrag. Darüber hinaus sah das Gesetz eine Annäherung an Arbeitsverhältnisse durch die ausdrückliche Verankerung typischer arbeitsrechtlicher Rechte und Pflichten vor, wie Beschäftigungsverbote vor und nach einer Geburt gem dem MSchG (§ 6a UniAbgG), Entgeltfortzahlung im Krankheitsfall oder nach Unfällen (§ 6d UniAbgG), einen Freistellungsanspruch zu Erholungszwecken im Ausmaß von 25 Arbeitstagen (§ 6f Abs 6 UniAbgG), die (vorzeitige) Beendigung des Ausbildungsverhältnisses (zB wegen unbefriedigender Arbeitsergebnisse; § 6e UniAbgG) und Abfertigungszahlung nach Ablauf des Ausbildungsverhältnisses (§ 6g UniAbgG). Nach § 6 Abs 5 UniAbgG waren sie überdies pflichtversichert in Kranken-, Unfall-, Pensions- und Arbeitslosenversicherung. Das UniAbgG trat gem § 143 Abs 6 UG 2002 mit Ablauf des 31. 12. 2003 außer Kraft. Der Gesetzgeber hat von einer Überleitung bestehender Ausbildungsverhältnisse in ein Arbeitsverhältnis zur Universität abgesehen. In den Materialien[104] wird dies mit der Vergleichbarkeit zu Stipendiaten begründet, welche keine Verpflichtung zur Arbeitsleistung haben.

---

der Universitäten (2010); *Reissner/Tinhofer* (Hrsg), Das neue Universitätsarbeitsrecht (2007).

102 *Schrammel* in Mayer (Hrsg), Kommentar zum Universitätsgesetz^2 2002 (2010) § 132 I.2.

103 Vgl hiezu vor allem *Kucsko-Stadlmayer,* Universitätslehrer-Dienstrecht 2001 (2001) 265; *Novak,* Das Dienstrecht der Wissenschaftler (2003) 233.

104 RV 1134 BlgNR 21. GP 109.

Schrammel[105] kritisiert, dass eine Überleitung in ein Arbeitsverhältnis sachgerecht gewesen wäre, da unter Berücksichtigung des Aufgabenkreises in § 6b AbgG der/die wissenschaftliche (künstlerische) MitarbeiterIn in Ausbildung dem typischen Bild einer Arbeitnehmerin/eines Arbeitnehmers entsprochen hätte.

5. Zur Beschäftigungsform der Studierenden im Rahmen des KPJ

In Hinblick auf die gemeinsamen pädagogischen Ziele im Kompetenzlevelkatalog (siehe Anhang 4) legen die Studienpläne der MedUnis Graz, Wien und Innsbruck den Ablauf und die inhaltliche Ausgestaltung des KPJ in unterschiedlicher Intensität fest. Die detailliertesten Ausführungen enthält der Studienplan der MedUni Graz (siehe Anhang 1), weshalb sowohl aus arbeitsrechtlicher als auch aus sozialrechtlicher Sicht zunächst die Beschäftigungsform der Studierenden der MedUni Graz geprüft wird. Die Beschäftigungsformen der Studierenden der MedUnis Wien und Innsbruck im Rahmen des KPJ werden danach – unter Berücksichtigung der unterschiedlichen studienrechtlichen Vorgaben (siehe Anhang 2 und 3) – dargestellt.

5.1 MedUni Graz

5.1.1 Das KPJ aus arbeitsrechtlicher Sicht

Wie bereits unter 4.5.1.1 erwähnt, steht in Abgrenzung zu den typischen Beschäftigungsformen im engeren Sinn (Arbeitsvertrag, freier Dienstvertrag und Werkvertrag) bei Ausbildungsverhältnissen der Ausbildungszweck im Mittelpunkt, sodass die Tätigkeit primär im Interesse des/der Auszubildenden erfolgt. Hiefür ist es ua erforderlich, dass die Tätigkeiten der Art nach wechseln und sich möglichst nach Wahl des/der Auszubildenden – und nicht nach Betriebserfordernissen – auf mehrere Betriebsbereiche erstrecken[106]. Laut den stu-

---

105 *Schrammel* in Mayer (Hrsg), Kommentar zum Universitätsgesetz^2 2002 (2010) § 132 II.1.

106 OGH 13. 3. 2002, 9 ObA 288/01w, ARD 5366/11/2002 = ASoK 2003, 58 = infas 2002, A 79.

dienrechtlichen Bestimmungen der MedUni Graz (siehe Anhang 1) haben die Studierenden drei Tertiale zu je 16 Wochen zu absolvieren. Für die ersten zwei Tertiale sind die Fachrichtungen (Chirurgie und innere Medizin) vorgegeben, in denen die Studierenden die Blöcke mit den einzelnen Stationen (zB Neurochirurgie, Unfallchirurgie, Gefäßchirurgie bzw Neurologie oder innere Medizin) frei wählen können. Das dritte Tertial besteht ausschließlich aus frei wählbaren Blöcken (zB Allgemeinmedizin oder Psychiatrie). Die Studierenden werden daher in verschiedensten Bereichen eines Krankenhauses eingesetzt, welche sie innerhalb eines festgelegten Rahmens am Anfang einer Zuteilung frei wählen können. Die konkreten Tätigkeiten nach einer erfolgten Auswahl sind durch den österreichischen Kompetenzlevelkatalog (Anhang 4) sowie § 49 ÄrzteG weitgehend vorgegeben. Auf den ersten Blick scheint das Kriterium der wechselnden Tätigkeiten nach den Interessen der Studierenden erfüllt zu sein. Allerdings ist damit noch nichts darüber gesagt, ob sich die konkreten Tätigkeiten der Studierenden innerhalb eines Auswahlbereichs nicht – zumindest teilweise – nach den Erfordernissen der MedUni Graz bzw der kooperierenden Ausbildungseinrichtung richten und nicht nach den Interessen der Auszubildenden, was wiederum gegen ein Ausbildungsverhältnis sprechen würde. So wird es einem/einer Studierenden gelegentlich zuzugestehen sein, dass er/sie aus persönlichem Interesse gewisse Tätigkeiten aus dem Kompetenzlevelkatalog unter Umständen auch mehrere Male verrichtet[107]. Damit in engem Zusammenhang steht auch ein weiteres Kriterium, das für ein Überwiegen des Ausbildungszwecks spricht, nämlich die Art der konkreten Tätigkeiten in den jeweiligen Bereichen. Hiezu geben die Studienordnung bzw der Kompetenzlevelkatalog sowie auch § 49 Abs 5 ÄrzteG die konkreten ausbildungsfördernden Arbeiten, die der/die Studierende im Rahmen seiner Ausbildung praktisch zu verrichten hat, genauestens vor. Für ein Ausbildungsverhältnis ist es notwendig, dass die Studierenden gänzlich ausbildungsfremde Tätigkeiten oder zwar dem Ausbildungszweck dienende, aber reine Hilfsarbeiten einfacher Art nur in einem zeitlich vernachlässigbaren Ausmaß verrich-

107 Hiebei wird es sich nach *Radner* typischerweise um einen Randbereich der Ausbildung handeln, welcher für eine positive Absolvierung irrelevant ist; vgl hiezu 4.5.1.2.

ten[108]. Soweit es sich also um Tätigkeiten handelt, die nicht im Kompetenzlevelkatalog oder in § 49 Abs 5 ÄrzteG genannt sind und auch sonst nicht gewisse medizinische Fähigkeiten voraussetzen (zB Laufbotenarbeiten, Reinigungsarbeiten), dürfen diese nur ausnahmsweise verrichtet werden. Dies ist insoweit auch durch die Studienordnung gewährleistet, als die Studierenden nur „in dem für das Erreichen der Ausbildungsziele notwendigen Ausmaß" heranzuziehen sind. Darüber hinaus wird der Ausbildungszweck zurücktreten, wenn die Studierenden wiederkehrend und überwiegend nur die gleichen ärztlichen Basistätigkeiten, wie zB Venenzugänge legen, Blutabnahmen oder Aufnahmen, ausüben. Hiedurch tritt nämlich das Interesse der MedUni Graz bzw der kooperierenden Ausbildungseinrichtung in den Vordergrund, die durch den Einsatz der Studierenden hinsichtlich der Basistätigkeiten entlastet werden. Es ist nämlich davon auszugehen, dass die Studierenden nach mehrmaliger Ausübung der Basistätigkeiten diese weitgehend auch ohne Anleitung von Vorgesetzten durchführen können. Zu beachten ist aber, dass die Verwertbarkeit von Arbeitsergebnissen dem Lern- und Ausbildungscharakter einer Beschäftigung nicht von vornherein entgegensteht[109]. Vielmehr muss die MedUni Graz bzw die kooperierende Ausbildungseinrichtung durch die Studierenden insofern entlastet werden, als sie sich den (gänzlichen) Einsatz von eigenen bzw die Beschäftigung von weiteren Arbeitnehmerinnen/Arbeitnehmern erspart, sei es auch nur für die Zeit einer Vertretung von auf Urlaub befindlichen Arbeitnehmerinnen/Arbeitnehmern oder zur Bewältigung von Arbeitsspitzen[110]. Hievon ist jedoch bei einer Beschäftigung der Studierenden (fast) ausschließlich im Rahmen des Kompetenzlevelkatalogs bzw des § 49 Abs 5 ÄrzteG mit wechselnden ärztlichen Tätigkeiten nicht auszugehen, da auch eine Anleitung und Kontrolle durch Vorgesetzte weitgehend vonnöten sein wird. Zeitweise werden die Studierenden auch bei wiederkehrenden Basistätigkeiten zu beaufsichtigen sein. Die Studienordnung schreibt zudem

[108] OGH 11. 10. 1995, 9 ObA 176/95, DRdA 1996, 408 mit Bespr von *Spitzl* = ZAS 1997, 15 mit Bespr von *Risak* = SZ 68/184.

[109] OGH 29. 1. 2013, 9 ObA 150/12t, ZAS 2013, 332 mit Bespr von *Körber-Risak* = ARD 6318/5/2013 = DRdA 2013, 429.

[110] OLG Wien 7. 4. 1997, 9 Ra 435/96y, ARD 4845/26/97.

vor, dass die Studierenden nur in dem für das Erreichen der Ausbildungsziele notwendigen Ausmaß zu Routinetätigkeiten herangezogen werden können.

Ein weiteres zentrales Kriterium bezüglich der Abgrenzung eines Ausbildungsverhältnisses von anderen Beschäftigungsformen ist die weitgehende Bestimmungsfreiheit, dh persönliche Unabhängigkeit und Weisungsfreiheit, des/der Beschäftigten. Im Unterschied zu den sonstigen Arbeitnehmerinnen/Arbeitnehmern eines Betriebs kann der/die BeschäftigerIn daher über die Arbeitskraft eines/einer Auszubildenden nicht so wie über jene einer sonstigen Arbeitnehmerin/eines sonstigen Arbeitnehmers verfügen[111]. Im gegenständlichen Fall sind die vorgeschriebenen Tätigkeiten gem der Studienordnung bzw des § 49 Abs 5 ÄrzteG unter Anleitung von Vorgesetzten durchzuführen. Insofern besteht jedenfalls eine sachliche Weisungsunterworfenheit der Studierenden. In Hinblick auf eine persönliche Abhängigkeit sind die Bindung an Arbeitszeit, Arbeitsort und Arbeitsablauf maßgeblich. Gerade bei der zeitlichen Gestaltung seiner/ihrer Anwesenheit im Betrieb müssen einem/einer Auszubildenden größere Freiheiten zukommen[112]. Zentrale Bestimmungen bezüglich der Arbeitszeit enthält die Studienordnung. Sie ordnet für die Praktika eine Anwesenheit an fünf Tagen pro Woche im Ausmaß von 7 Stunden (exklusive 30 Minuten Pause) sowie eine maximale Stundenanzahl pro Tertial (560 Stunden) an, wobei auch Überstunden (bis zu 12 Stunden pro Tag) möglich sind. Diese werden im Verhältnis 1:1 ausgeglichen. Die Lage und Verteilung der Arbeitszeit wird mittels Dienstplan im Vorhinein festgelegt. Weiters ist pro Block verpflichtend ein Nachtdienst vorgesehen. Aufgrund dieser konkreten Vorgaben über die Arbeitszeit kommt den Studierenden kaum Freiheit hinsichtlich der zeitlichen Gestaltung zu. Vielmehr werden das Ausmaß, die Verteilung und die Lage der Arbeitszeit durch die Studienordnung und einen Dienstplan vorgegeben, ohne dass den Studierenden eine flexible Gestaltung möglich ist. Die Anwesenheit wird durch die verantwortlichen MitarbeiterInnen der MedUni Graz bzw

---

111 OGH 11. 10. 1995, 9 ObA 176/95, DRdA 1996, 408 mit Bespr von *Spitzl* = ZAS 1997, 15 mit Bespr von *Risak* = SZ 68/184.

112 OGH 13. 3. 2002, 9 ObA 288/01w, ARD 5366/11/2002 = ASoK 2003, 58 = infas 2002, A 79.

der kooperierenden Ausbildungseinrichtung entsprechend überprüft (Logbuch). Hinzu kommt, dass sogar die Anordnung von Überstunden bzw Nachtdiensten vorgesehen ist, was ein weiteres Indiz gegen einen überwiegenden Ausbildungscharakter ist[113]. Hiefür spricht auch der Verweis der Studienordnung, welcher bei verlängerten Diensten und Nachtdiensten sogar eine sinngemäße Anwendung des KA-AZG vorsieht[114].

Der OGH[115] ist jedoch auch bei fixen Dienstplänen insofern großzügig, als nach seiner Ansicht die Koordination eines vielseitigen Einsatzes durch einen Dienstplan nicht grundsätzlich unzulässig ist, da einem/einer Auszubildenden mit der Integration in den Dienstbetrieb – wenngleich ohne sanktionsbewehrte Arbeitsverpflichtung – doch auch ein Gefühl für die zu erwartende Arbeitsbelastung und den Arbeitsalltag gegeben werden soll. Die Studienordnung lässt insgesamt für das gesamte KPJ nur eine begründete/gemeldete Abwesenheit von 25 Tagen in 48 Wochen vor, was annähernd dem Urlaubsanspruch einer Arbeitnehmerin/eines Arbeitnehmers gem § 2 UrlG entspricht. Darüber hinausgehende Abwesenheiten (zB durch Krankheit) bedürfen einer Begründung/Bestätigung. Übersteigt die Gesamtabwesenheit ein Sechstel der Gesamtzeit des jeweiligen Blocks/Tertials (16 Wochen), ist ein Nachholen zum positiven Abschluss erforderlich. Die Studierenden sind daher zur überwiegenden Anwesenheit in der Ausbildungseinrichtung gem der Studienordnung und dem für den jeweiligen Einsatzbereich vorgegebenen Dienstplan verpflichtet, um die Praktika positiv absolvieren zu können. Zudem ist im Studienplan eine Leistungsüberprüfung der Studierenden (MiniCEX und DOPS) vorgesehen, die alle zwei Wochen im klinischen Bereich auf Basis der im Logbuch für den jeweiligen Bereich definierten Lernziele durchgeführt und im Logbuch dokumentiert wird. In jenen Wochen, wo keine solche Leistungsüberprüfung stattfindet, sind Fallberichte über die verrichteten Tätigkeiten

---

113 Vgl VwGH 31. 1. 1995, 93/08/0150, ARD 4684/24/95 = ZfVB 1996/677.

114 Vgl ausführlich zum KA-AZG *Stärker,* Krankenanstalten-Arbeitszeitgesetz[5] (2011).

115 OGH 29. 1. 2013, 9 ObA 150/12t, ZAS 2013, 332 mit Bespr von *Körber-Risak* = ARD 6318/5/2013 = DRdA 2013, 429.

zu verfassen (pro Tertial 8 Fallberichte), die durch den/die BetreuerIn beurteilt und durch den/die TertialkoordinatorIn korrigiert und freigegeben werden. Auch sie fließen in die Gesamtbeurteilung des klinischen Blocks/Tertials ein. Die Studierenden sind also nicht nur zur Anwesenheit, sondern auch zur Ausübung konkreter (Kern-) Tätigkeiten im Rahmen des KPJ gem der Studienordnung bzw des Kompetenzlevelkatalogs und des § 49 ÄrzteG verpflichtet, die entsprechend von den Betreuerinnen/Betreuern evaluiert werden. Die Arbeits- und Anwesenheitsaufzeichnungen sowie Beurteilungen der BetreuerInnen sind die Grundlage für eine positive Absolvierung des Praktikums. Die MedUni Graz kann sich daher – ähnlich wie bei einem ihrer ArbeitnehmerInnen – (weitgehend) auf eine Anwesenheit gem dem vorgegebenen Dienstplan sowie auf eine Ausübung der vorgeschriebenen Tätigkeiten durch die Studierenden verlassen und entsprechend über deren Arbeitskraft verfügen. Die studienrechtlich angeordnete Anwesenheits- und Arbeitspflicht der Studierenden zur positiven Absolvierung der Praktika ist vom Bewusstsein der Parteien, dh dem/der Studierenden und der MedUni Graz, getragen und wird damit (konkludent) Teil des Rechtsverhältnisses[116]. Größere Freiheiten kommen den Studierenden gegenüber einer Arbeitnehmerin/einem Arbeitnehmer bezüglich der Zeiteinteilung und Arbeitspflicht nicht zu. Denn korrespondierend zum Urlaubsanspruch einer Arbeitnehmerin/eines Arbeitnehmers gem dem UrlG stehen auch den Studierenden nur 25 (unbegründete) Abwesenheitstage für das gesamte Praktikum zur Verfügung. Allerdings dienen die studienrechtlichen Verpflichtungen zur Anwesenheit und zur Ausübung von bestimmten Tätigkeiten auch der Sicherstellung der Lernziele und sind daher (auch) im Interesse des/der Auszubildenden.

Schließlich wird auch die fehlende Verpflichtung zur Entgeltleistung an den/die Beschäftigte als Kriterium für ein Ausbildungsverhältnis angeführt (vgl zB § 3 Abs 5 lit a AuslBG). Die Studienordnung selbst als zentrale Rechtsgrundlage sieht hiefür keine Regelung vor, was wiederum für das Vorliegen eines Ausbildungsverhältnisses spricht. Allerdings stellt dieses Kriterium uE nur ein schwaches Indiz

116 Vgl allgemein dazu *Radner,* Die (arbeits-)rechtliche Stellung von Praktikanten und Volontären, DRdA 2001, 3 (131).

dar, da bspw auch Arbeitsverträge gem § 1152 ABGB unentgeltlich geschlossen werden können. Sie sind somit kein typisches Merkmal eines Arbeitsverhältnisses.

Ergebnis

Stellt man die einzelnen Kriterien für und gegen das Vorliegen eines Arbeitsverhältnisses bzw Ausbildungsverhältnisses nach den vom OGH herangezogenen Überlegungen gegenüber, dann wird man aus arbeitsrechtlicher Sicht (noch) zu einem Ausbildungsverhältnis kommen. Die von der Lehre vereinzelt vorgebrachten Argumente (siehe hiezu bereits unter 4.5.1.2) sind durchaus beachtlich, haben aber bisher keine Judikaturveränderung bewirkt, sodass mittelfristig keine Judikaturwende zu erwarten ist.

Für den Werkvertrag und den freien Dienstvertrag fehlt es an Grundvoraussetzungen (siehe hiezu bereits unter 4.3.1 bzw 4.4.1). Der Werkvertrag scheidet aufgrund seines Charakters als Zielschuldverhältnis aus, der freie Dienstvertrag aufgrund der typischen Arbeitsinhalte (selbstständige Tätigkeiten).

Obige Abwägung bezieht sich im Wesentlichen auf die Studienordnung und geht weiters davon aus, dass der individuelle Ausbildungsvertrag die Verpflichtung zu Diensten eher zurücknimmt als ausweitet. Damit sollen die entscheidende Stellung des Individualvertrags und auch die faktische Handhabung des Rechtsverhältnisses betont werden: Je stärker die Verpflichtung zur Erbringung von nicht durch Ausbildungsziele gedeckte Tätigkeiten ist – und dies kommt insb bei der Anordnung von verlängerten Diensten, Nachtdiensten, Mehr- und Überstunden zum Tragen –, umso eher wird sich der Ausbildungsvertrag im engeren Sinn zu einem Arbeitsvertrag wandeln.

5.1.2 Das KPJ aus sozialrechtlicher Sicht

Wie unter 4.5.1.3 erläutert, sind für den VwGH der Ausbildungszweck, insb dokumentiert über externe Ausbildungsvorgaben wie Studienordnungen, eine weitgehende Ungebundenheit iS eines geringen Verpflichtungsgrades zur Erbringung konkreter Leistungen und die Unentgeltlichkeit die entscheidenden Kriterien, die für ein Ausbildungs- und gegen ein Dienstverhältnis sprechen. Teilweise weisen die Kriterien einen engen Konnex zueinander auf und sind mitunter sogar kausal verbunden. So wird etwa von einem Überwiegen des Ausbildungszwecks ausgegangen, wenn keine Verpflichtung zur Entgeltleistung besteht, dem/der Auszubildenden eine größere Freiheit bei der zeitlichen Gestaltung zukommt, ausbildungsfremde Tätigkeiten nur in vernachlässigbarem Ausmaß verrichtet werden, eine den Sacherfordernissen angepasste Möglichkeit zur Mitbestimmung der Arbeitsabläufe sowie ein Wechsel der Tätigkeitsart nach Wahl des/der Auszubildenden und nicht nach Betriebserfordernissen besteht[117]. In Hinblick auf die Erfüllung dieser Kriterien kann weitgehend auf die arbeitsrechtliche Beurteilung verwiesen werden (vgl hiezu 5.1.1), sodass im Ergebnis eher von einem Ausbildungsverhältnis auszugehen wäre. Ergänzend zum OGH verlangt jedoch der VwGH[118] in Hinblick auf den Wechsel der Tätigkeitsart und die Möglichkeit zur Mitbestimmung der Arbeitsabläufe, dass die Studierenden auch auf den Inhalt der konkreten Tätigkeiten Einfluss nehmen können. Die mögliche Mitwirkung der Auszubildenden bei einer schon zu Beginn erfolgten Bereichsbestimmung ändert daher nichts an einer fehlenden inhaltlichen Gestaltbarkeit der Beschäftigung im einmal festgelegten Bereich. So ist es notwendig, dass der/die Studierende in einem angemessenen zeitlichen Ausmaß aus persönlichem Interesse gewisse Tätigkeiten aus dem Kompetenzlevelkatalog unter Umständen auch mehrere Male verrichtet oder er/sie zB auch bei seltenen und komplizierten medizinischen Eingriffen als Beobachter anwesend ist. Die Lernziele des Kompetenzlevelkatalogs dürfen dadurch natürlich nicht gefährdet werden. Hiebei wird es sich gem der „Kernbereich/Randbereich-These“ von *Radner*[119] typischerweise um einen Randbereich ohne Arbeitspflicht handeln, welcher keinen Einfluss auf eine positive Absolvierung des Blocks/Ter-

117 Vgl zB VwGH 11. 12. 1990, 88/08/0269, ZAS 1992, 102 mit Bespr von *Andexlinger* = ARD 4252/6/91 = ZfVB 1992/101.

118 VwGH 31. 1. 1995, 93/08/0150, ARD 4684/24/95 = ZfVB 1996/677.

119 *Radner*, Die (arbeits-)rechtliche Stellung von Praktikanten und Volontären, DRdA 2001, 3 (130 ff); *Radner* in Mazal/Risak (Hrsg), Das Arbeitsrecht – System und Praxiskommentar (Losebl) Rz 103; siehe hiezu bereits unter 4.5.1.2.

tials hat. Darüber hinaus ist nach dem VwGH[120] ein weiteres gewichtiges Indiz gegen ein Überwiegen des Ausbildungszwecks die Verpflichtung zur Leistung von Überstunden oder deren tatsächliche Erbringung, welche im Studienplan ausdrücklich vorgesehen ist. Besonders erwähnenswert ist, dass im Einklang mit der Lehre (siehe hiezu bereits unter 4.5.1.2) nach der (älteren) Rechtsprechung des VwGH[121] ein Dienstverhältnis iSd § 4 Abs 2 ASVG jedenfalls dann anzunehmen ist, wenn die zeitlichen, örtlichen und inhaltlichen Bindungen einer (Ferial-)Praktikantin/eines (Ferial-)Praktikanten für eine den schul- oder studienrechtlichen Bestimmungen entsprechende Absolvierung des Pflichtpraktikums erforderlich sind. Wie bereits unter 5.1.1 erörtert, leisten die Studierenden das KPJ in einer Art persönlicher Abhängigkeit und sind entsprechend in den Klinikalltag eingegliedert. Sie unterliegen im Kernbereich des KPJ einer Arbeits- und Anwesenheitspflicht, um das Praktikum positiv zu absolvieren. Diese Verpflichtungen sind vom Bewusstsein der Parteien, also der Studierenden und der MedUni Graz, getragen und fließen daher (konkludent) in das Rechtsverhältnis ein. Hinzu kommt, dass die Studierenden nach mehrmaliger Ausübung ärztlicher Basistätigkeiten (zB Blutabnahmen, Venenzugänge legen usw) diese auch ohne Anleitung von Vorgesetzten durchführen können und damit eine gewisse Arbeitsentlastung bei den Ausbildungseinrichtungen eintritt, wenngleich sie sich dadurch nicht den (gänzlichen) Einsatz von eigenen Arbeitnehmerinnen/Arbeitnehmern ersparen. Die MedUni Graz kann somit im Rahmen der studienrechtlichen Bestimmungen über die Arbeitskraft der Studierenden durchaus nach betrieblichen Erfordernissen verfügen. Schließlich ist als weiteres Argument anzuführen, dass nach der Rsp des VwGH[122] das Begriffsverständnis eines Beschäftigungsverhältnisses iSd § 4 Abs 2 ASVG

---

120 VwGH 31. 1. 1995, 93/08/0150, ARD 4684/24/95 = ZfVB 1996/677.

121 VwGH 31. 1. 1995, 93/08/0150, ARD 4684/24/95 = ZfVB 1996/677; VwGH 12. 12. 1995, 93/08/0256, ARD 4765/31/96 = ZfVB 1997/1080.

122 Vgl zB VwGH 24. 1. 1985, 83/08/0033, SVSlg 28.653 = VwSlg 11648 A/1985 = ARD-HB 1986, 105 = ARD-HB 1986, 379 = ÖJZ 1985/491 A = ÖJZ 1985/492 A = ÖJZ 1985/497 A = ZfVB 1985/1462; VwGH 26. 1. 2000, 94/08/0139, SVSlg 44.884 = VwSlg 15320

weit ist, sodass es sich nicht notwendigerweise um ein Arbeitsverhältnis im arbeitsrechtlichen Sinn handeln muss.

Im Ergebnis wird man daher davon ausgehen können, dass die Argumente für ein Beschäftigungsverhältnis iSd § 4 Abs 2 ASVG im Kernbereich des KPJ überwiegen. Voraussetzung wäre – und dies ergibt sich nicht aus der Studienordnung –, dass für die Dauer des KPJ ein Entgelt geleistet wird oder ein Anspruch auf eine Abgeltung bestehen würde[123]. Die (zulässige) Vereinbarung der Unentgeltlichkeit im Ausbildungsvertrag würde jedoch dazu führen, dass kein Pflichtversicherungsverhältnis iSd § 4 Abs 2 ASVG entsteht.

Aus den sondergesetzlich geregelten Ausbildungsverhältnissen (vgl hiezu 4.5.2 bzw 4.5.3) lässt sich für die Sozialversicherung wenig ableiten. Hervorzuheben ist allerdings, dass eine Einbeziehung des KPJ in § 4 Abs 2 ASVG zu keinem Wertungswiderspruch mit der Pflichtversicherung der Turnusärztinnen/Turnusärzte führt, da die Turnusärztinnen/Turnusärzte uE auch nur eine Untergruppe der nach § 4 Abs 2 ASVG Pflichtversicherten bilden. Aus den Materialien[124] zum ASVG ergibt sich zwar zunächst, dass sie als „in Ausbildung stehende Ärzte" – wie zB auch Unterrichtspraktikantinnen/Unterrichtspraktikanten – grundsätzlich unter den Tatbestand des § 4 Abs 1 Z 4 ASVG (Ausbildung nach abgeschlossenem Hochschulstudium) fallen. Hiezu ist allerdings auszuführen, dass zum Zeitpunkt der Erlassung des ASVG im Jahre 1955 der Gesetzgeber von einer anderen Rechtsstellung der unselbstständigen Ärztinnen/Ärzte (Turnusärztinnen/Turnusärzte) ausging. Das ÄrzteG in der damaligen Fassung (BGBl 92/1949) sah für eine selbstständige Berufsausübung in § 2 eine mindestens dreijährige praktische Tätigkeit in einer öffentlichen oder sonstigen vom Bundesministerium für soziale Verwaltung zugelassenen Krankenanstalt vor. In § 57 der alten Fassung des ÄrzteG wurde für die in Ausbildung stehenden Ärztinnen/Ärzte ausdrücklich ein angemessener Entgeltanspruch sowie

---

A/2000 = ARD 5121/16/2000 = DRdA 2000, 424 = infas 2000, S 44 = ÖJZ 2001/27 A.

123 Vgl ausführlich zum Entgeltbegriff im Sozialversicherungsrecht *Müller* in Mosler/Müller/Pfeil (Hrsg), Der SV-Komm (Losebl) § 49 ASVG Rz 9ff.

124 RV 599 BlgNR 7. GP 5.

eine Versicherungspflicht in der gesetzlichen Kranken-, Unfall-, Arbeitslosen- und Angestelltenversicherung verankert. Nach den Materialien[125] wird durch diese Bestimmung den auszubildenden Ärztinnen/Ärzten ein Mindestmaß an sozialen Rechten und sozialer Versicherung gewährleistet. Nach damaliger Ansicht wurden die Turnusärztinnen/Turnusärzte daher nicht im Rahmen eines Arbeitsverhältnisses, sondern vielmehr im Rahmen eines Ausbildungsverhältnisses ohne gesetzliche Mindeststandards beschäftigt. Die Folge war eine Einbeziehung unter den Tatbestand des § 4 Abs 1 Z 4 ASVG als berufliche Ausbildung nach dem abgeschlossenen Hochschulstudium. Mittlerweile ist allerdings aufgrund der Rsp des OGH[126] und des Wortlauts der §§ 7 Abs 1 Z 1 und 8 Abs 1 Z 1 ÄrzteG („… Ausbildung […] im Rahmen von Arbeitsverhältnissen …") klar, dass es sich um ein Arbeitsverhältnis handelt. Wenn der Rechtsträger der Ausbildungseinrichtung eine Gebietskörperschaft ist, kommt das jeweilige Dienstrecht zur Anwendung, ansonsten unterliegen sie dem AngG. Ihr Entgeltanspruch richtet sich nach zwingenden dienst- oder arbeitsrechtlichen Normen[127]. Insb auch aufgrund des weiten Begriffsverständnisses eines Beschäftigungsverhältnisses gem § 4 Abs 2 ASVG fällt eine sozialversicherungsrechtliche Beurteilung des Rechtsverhältnisses von Turnusärztinnen/Turnusärzten nunmehr zugunsten einer Pflichtversicherung nach § 4 Abs 2 ASVG aus. Nach dem Wortlaut des § 4 Abs 1 Z 4 ASVG kommt eine Vollversicherung zum Zwecke der Ausbildung für den künftigen, abgeschlossene Hochschulbildung erfordernden Beruf nach Abschluss dieser Hochschulbildung nur dann in Betracht, wenn die Ausbildung nicht im Rahmen eines Dienstverhältnisses erfolgt, was bei den Turnusärztinnen/Turnusärzten aber der Fall ist.

---

125 AB 838 BlgNR 5. GP 6.

126 Vgl zB OGH 25. 1. 1989, 9 ObA 517/88, ARD 4097/13/89; OGH 29. 11. 2001, 8 ObA 184/01v, ARD 5402/7/2003 = ASoK 2002, 319; vgl ausführlich zu den Turnusärztinnen/Turnusärzten *Schrammel*, Rechtsprobleme des Turnusarztverhältnisses, ZAS 1982, 203.

127 *Wallner*, Handbuch: Ärztliches Berufsrecht (2011) 52 f.

Ergebnis

Im Gegensatz zur arbeitsrechtlichen Sichtweise wird die Tätigkeit der Studierenden im Rahmen des KPJ als Beschäftigungsverhältnis iSd § 4 Abs 2 ASVG zu qualifizieren sein. Dies lässt sich vor allem mit der stärkeren Berücksichtigung studienrechtlicher Vorschriften und der daraus resultierenden persönlichen Abhängigkeit durch den VwGH begründen. Für ein solches Beschäftigungsverhältnis iSd § 4 Abs 2 ASVG spricht auch das weite Begriffsverständnis des VwGH, wonach es sich nicht notwendigerweise um ein typisches Arbeitsverhältnis handeln muss. Grundsätzlich wären die Studierenden daher auch – je nach Höhe des Entgelts – gem § 4 ASVG verpflichtend kranken-, unfall- und pensionsversichert sowie gem § 1 AlVG arbeitslosenversichert[128]. Voraussetzung ist aber stets, dass dem Grunde nach ein Entgeltanspruch besteht, also zB im Ausbildungsvertrag eine Abgeltung vereinbart wird.

5.2 MedUni Wien

5.2.1 Das KPJ aus arbeitsrechtlicher Sicht

Die Grundsätze und Zielsetzungen des KPJ an der MedUni Wien (siehe Anhang 2) sind dieselben wie an der MedUni Graz (siehe Anhang 3). Laut den studienrechtlichen Bestimmungen der MedUni Wien haben die Studierenden drei Tertiale zu je 16 Wochen zu absolvieren, in denen sie die Blöcke mit den einzelnen Stationen grundsätzlich frei wählen können. Die Ausbildungsziele des KPJ und damit die konkreten Tätigkeiten definiert der Kompetenzlevelkatalog für ärztliche Fertigkeiten (siehe Anhang 4), welche unter Anlei-

---

128 Bei einem Betrag bis € 395, 31 pro Monat (BGBl II 434/ 2013) besteht nur eine verpflichtende Unfallversicherung als geringfügig Beschäftigte/Beschäftigter (§ 7 Z 3 ASVG). Daneben besteht die Möglichkeit einer freiwilligen Versicherung durch die Studierenden gem §§ 16 und 16a ASVG in der Kranken- und Pensionsversicherung. Bei darüber hinausgehenden Beträgen sind die Studierenden verpflichtend kranken-, pensions- und unfallversichert nach § 4 ASVG sowie gem § 1 AlVG arbeitslosenversichert.

tung von Vorgesetzten auszuüben sind. Die von der Rsp[129] geforderte Entlastung im Sinne einer gänzlichen Einsparung von Arbeitnehmerinnen/Arbeitnehmern als Kriterium für ein Arbeitsverhältnis tritt bei der MedUni Wien bzw den kooperierenden Ausbildungseinrichtungen durch die Studierenden daher nicht ein, jedenfalls soweit diese (überwiegend) im Rahmen des Kompetenzlevelkatalogs beschäftigt werden. Die Studienordnung schreibt in diesem Zusammenhang vor, dass die Studierenden nur in dem für das Erreichen der Ausbildungsziele notwendigen Ausmaß zu Routinetätigkeiten herangezogen werden können. Eine gewisse Arbeitsentlastung durch die wiederkehrende Ausübung ärztlicher Basistätigkeiten wird aber trotzdem zu bejahen sein.

Über den konkreten Ablauf (zB Anwesenheitsbestimmungen, Leistungsüberprüfung) enthält der Studienplan kaum Informationen. Lediglich die Gesamtdauer von 48 Wochen und die Auswahl der Fächer in den drei Tertialen werden festgelegt. Insofern liegt es nahe, eine weitgehende Bestimmungsfreiheit anzunehmen, was nach der Rsp[130] ein starkes Indiz für ein Ausbildungsverhältnis darstellt. Wenn man jedoch den gesamten Beschluss der Curriculumkommission der MedUni Wien[131] über das KPJ im Umfang von 48 Wochen mit den nicht kundgemachten Teilen als Richtlinie für die faktische Ausgestaltung des Rechtsverhältnisses heranzieht (siehe Anhang 2), finden sich ähnliche Vorgaben bezüglich des konkreten Ablaufs wie an der MedUni Graz. Die Studierenden sind demnach zu einer Basisanwesenheit von sieben Stunden an fünf Tagen pro Woche angehalten (35 Stunden pro Woche). Es ist davon auszugehen, dass – wie an der MedUni Graz – die konkrete Lage und Verteilung der Arbeitszeit mittels Dienstplan im Vorhinein festgelegt wird. Der Beschluss sieht daneben die Möglichkeit von Überstundenleistungen

---

129 OLG Wien 7. 4. 1997, 9 Ra 435/96y, ARD 4845/26/97; vgl hiezu 4.5.1 bzw 5.1.1.

130 OGH 11. 10. 1995, 9 ObA 176/95, DRdA 1996, 408 mit Bespr von *Spitzl* = ZAS 1997, 15 mit Bespr von *Risak* = SZ 68/184.

131 Beschluss der Curriculumkommission Humanmedizin der MedUni Wien vom 12. 1. 2012 – ergänzt durch die Beschlüsse vom 14. 3. 2013, 11. 4. 2013 sowie 16. 5. 2013 und approbiert vom Senat der MedUni Wien am 7. 6. 2013 (http://t3-org1.meduniwien.ac.at/fileadmin/kpj/kpj-beschluss-der-curriculumkommission-humanmedizin.pdf) 6 ff.

(Abgeltung im Verhältnis 1:1) sowie die verpflichtende Ableistung von drei bis acht Journaldiensten im Ausmaß von maximal 24 Stunden je Tertial vor. Auch die Fehlzeiten sind ähnlich geregelt wie nach der Studienordnung der MedUni Graz. Eine Abwesenheit ist im Gesamtausmaß von 25 Tagen bzw im Ausmaß von zehn Tagen pro Tertial erlaubt, wobei gesonderte Regelungen für längere Fehlzeiten (zB Schwangerschaft oder Krankheit) getroffen werden können. Darüber hinausgehende Fehltage sind nachzuholen. Urlaubstage sind im Einvernehmen mit der Ausbildungseinrichtung herzustellen. Die Studierenden sind daher zur überwiegenden Anwesenheit in der Ausbildungseinrichtung verpflichtet, um die Praktika positiv absolvieren zu können. Zudem ist im Beschluss der Curriculumkommission eine Leistungsüberprüfung der Lernerfolge (zB MiniCEX und DOPS, Feedbackgespräche) vorgehsehen. Die MedUni Wien kann sich daher – ähnlich wie bei einem ihrer ArbeitnehmerInnen – (weitgehend) auf eine Anwesenheit sowie auf eine Ausübung der vorgeschriebenen Tätigkeiten durch die Studierenden verlassen und entsprechend über deren Arbeitskraft verfügen. Größere Freiheiten – wie vom OGH[132] für ein Ausbildungsverhältnis gefordert – kommen den Studierenden gegenüber einer Arbeitnehmerin/einem Arbeitnehmer bezüglich der Zeiteinteilung und Arbeitspflicht nicht zu. Dem ist allerdings entgegenzuhalten, dass die eingeschränkte Bestimmungsfreiheit auch im Ausbildungsinteresse der Studierenden liegt. Zudem ist der OGH[133] auch bei fixen Dienstplänen insofern großzügig, als seiner Ansicht nach die Koordination eines vielseitigen Einsatzes durch einen Dienstplan nicht grundsätzlich unzulässig ist, da einem/einer Auszubildenden auch ein Gefühl für die zu erwartende Arbeitsbelastung und den Arbeitsalltag gegeben werden soll.

Im Gegensatz zum Studienplan der MedUni Graz hält der Beschluss der Curriculumkommission der MedUni Wien sogar ausdrücklich fest, dass kein Anstellungsverhältnis im arbeitsrechtlichen Sinn für die Studierenden während des KPJ besteht und sie den Status von Studierenden mit allen damit verbundenen sozial- und versi-

---

132 OGH 13. 3. 2002, 9 ObA 288/01w, ARD 5366/11/2002 = ASoK 2003, 58 = infas 2002, A 79.

133 OGH 29. 1. 2013, 9 ObA 150/12t, ZAS 2013, 332 mit Bespr von *Körber-Risak* = ARD 6318/5/2013 = DRdA 2013, 429.

cherungsrechtlichen Gegebenheiten innehaben[134]. Zwar kommt es nach der stRsp des OGH[135] für die rechtliche Qualifikation eines Vertrages nicht auf den Rechtsfolgewillen der Parteien oder die von ihnen gewählte Bezeichnung des Vertrages an, trotzdem hat eine solche Klarstellung eine gewisse Indizwirkung für ein Ausbildungsverhältnis. Ein ausdrücklicher Entgeltanspruch der Studierenden besteht ebenfalls nicht. In diesem Zusammenhang ist aber zu erwähnen, dass der Beschluss neben zwingenden Anforderungen an die Infrastruktur von Ausbildungseinrichtungen (zB Dienstkleidung, Spind usw) zumindest die Möglichkeit optionaler Sozialleistungen in Form von Geld- und Sachleistungen vorsieht. Hiezu zählen ua Unterkunft, Verpflegung, Fahrtkostenzuschuss und Aufwandsentschädigung.

Ergebnis

Die Situation der Studierenden im Rahmen des KPJ an der MedUni Wien ist ähnlich der an der MedUni Graz, wenn man neben den studienrechtlichen Vorgaben den Beschluss der Curriculumkommission Humanmedizin der MedUni Wien als „gelebte Vertragspraxis" heranzieht. Im Rahmen einer Gesamtabwägung der einzelnen Kriterien für und gegen das Vorliegen eines Arbeitsverhältnisses bzw Ausbildungsverhältnisses nach den Vorgaben des OGH kommt man daher aus arbeitsrechtlicher Sicht ebenfalls (noch) zu einem Ausbildungsverhältnis. Zu beachten ist allerdings, dass im Falle einer Ausweitung von Arbeitsverpflichtungen (im Rahmen der individuellen Ausbildungsvertragsgestaltung) aus dem Ausbildungsvertrag ein Arbeitsvertrag werden kann. Für den Werkvertrag und den freien Dienstvertrag fehlt es – wie bereits unter 5.1.1 erwähnt – an Grundvoraussetzungen.

134 Wie bereits unter 3.2.2 ausgeführt, wäre eine Regelung der Beschäftigungsform im Studienplan (Verordnung) unzulässig.

135 Vgl zB OGH 11. 10. 1995, 9 ObA 176/95, DRdA 1996, 408 mit Bespr von *Spitzl* = ZAS 1997, 15 mit Bespr von *Risak* = SZ 68/184; OGH 13. 3. 2002, 9 ObA 288/01w, ARD 5366/11/2002 = ASoK 2003, 58 = infas 2002, A 79; siehe hiezu bereits unter 4.5.1.

5.2.2 Das KPJ aus sozialrechtlicher Sicht

Zusammenfassend sind für den VwGH der (vorrangige) Ausbildungszweck, eine weitgehende Ungebundenheit iS eines geringen Verpflichtungsgrades zur Erbringung konkreter Leistungen und die Unentgeltlichkeit die entscheidenden Kriterien, die für ein Ausbildungs- und gegen ein Dienstverhältnis sprechen (vgl hiezu 4.5.1.3). Unter alleiniger Berücksichtigung des kundgemachten und damit rechtsverbindlichen Studienplans, welcher kaum Bestimmungen über Anwesenheit oder Leistungsüberprüfung enthält (siehe Anhang 2), fällt aufgrund der fehlenden Bestimmungen über die Gebundenheit der Studierenden und die Entgeltlichkeit die Beurteilung zunächst für ein Ausbildungsverhältnis aus. Die Kriterien für oder gegen ein Ausbildungs- oder Beschäftigungsverhältnis können sich aber nicht nur aus dem (schriftlichen) Vertrag oder aus konkreten Ausbildungsvorschriften ergeben, sondern auch aus den gelebten Umständen. Wenn man davon ausgeht, dass sich der tatsächliche Ablauf an den detaillierten Richtlinien im Beschluss der Curriculumkommission Humanmedizin über das KPJ im Umfang von 48 Wochen orientiert (vgl hiezu 5.2.1; siehe auch Anhang 2), leisten die Studierenden das KPJ – vergleichbar mit Studierenden der MedUni Graz (siehe hiezu bereits unter 5.1.2) – in einer Art persönlicher Abhängigkeit und sind entsprechend in den Klinikalltag eingegliedert. Sie unterliegen im Kernbereich des KPJ einer Arbeits- und Anwesenheitspflicht, um das Praktikum positiv zu absolvieren. Die MedUni Wien kann somit im Rahmen der studienrechtlichen Bestimmungen über die Arbeitskraft der Studierenden durchaus nach betrieblichen Erfordernissen verfügen. Wenngleich sich die MedUni Wien bzw die Ausbildungseinrichtung bei einem (überwiegenden) Einsatz der Studierenden im Rahmen der Studienordnung bzw des Kompetenzlevelkatalogs nicht den gänzlichen Einsatz von eigenem Personal erspart, tritt durch die wiederkehrende Leistung von ärztlichen Basistätigkeiten trotzdem eine gewisse Arbeitsentlastung ein.

Damit die Beurteilung zugunsten eines Beschäftigungsverhältnisses iSd § 4 Abs 2 ASVG ausfällt, muss weiters für die Dauer des KPJ ein Entgelt geleistet werden oder ein gesetzlicher oder vertraglicher Anspruch auf eine Abgeltung bestehen[136]. Ein solcher verpflich-

136 Vgl VwGH 17. 10. 2001, 96/08/0101, VwSlg 15697 = ARD 5283/13/

tender Anspruch ergibt sich aber weder aus der Studienordnung noch aus dem Beschluss der Curriculumkommission. Letzterer sieht nur die Möglichkeit einer (freiwilligen) Aufwandsentschädigung vor[137]. Weiters hält der Beschluss fest, dass kein Anstellungsverhältnis im arbeitsrechtlichen Sinn für die Studierenden während des KPJ besteht und sie den Status von Studierenden mit allen damit verbundenen sozial- und versicherungsrechtlichen Gegebenheiten innehaben. Für die Beurteilung eines Sachverhalts im Sozialversicherungsrecht ist jedoch nach § 539a ASVG der wahre wirtschaftliche Gehalt und nicht die äußere Erscheinungsform des Sachverhaltes maßgeblich. Im Einklang mit der Rsp[138] hat eine äußere Erscheinungsform (zB eine schriftliche Vereinbarung) die Vermutung der Richtigkeit nur so lange für sich, bis der Nachweis einer Abweichung der tatsächlichen Verhältnisse erbracht wird. Folglich sind die tatsächlich gelebten Umstände für die sozialversicherungsrechtliche Beurteilung maßgeblich und nicht ein allfälliger Rechtsfolgewille einer Partei. Sprechen daher die tatsächlichen Umstände für ein Beschäftigungsverhältnis iSd § 4 Abs 2 ASVG, ist die bloß schriftliche Festlegung einer sozialversicherungsrechtlichen Behandlung als Studierende unbeachtlich. In Hinblick auf den Ausschluss eines Anstellungsverhältnisses im arbeitsrechtlichen Sinn ist weiters anzumerken, dass nach der Rsp des VwGH[139] das Begriffsverständnis eines Beschäftigungsverhältnisses iSd § 4 Abs 2 ASVG weit ist, sodass es sich nicht not-

2002 = ZfVB 2003/132; siehe auch VwGH 14. 3. 2013, 2011/08/0015, ARD 6324/10/2013 = DRdA 2013, 434.

137 Vgl ausführlich zur beitragsfreien Aufwandsentschädigung gem § 49 ASVG *Müller* in Mosler/Müller/Pfeil (Hrsg), Der SV-Komm (Losebl) § 49 ASVG Rz 84 ff.

138 Vgl zB VwGH 12. 9. 2012, 2009/08/0041, ARD 6313/10/2013 = DRdA 2013, 170; VwGH 19. 12. 2012, 2012/08/0224; VwGH 14. 2. 2013, 2012/08/0268.

139 Vgl zB VwGH 24. 1. 1985, 83/08/0033, SVSlg 28.653 = VwSlg 11648 A/1985 = ARD-HB 1986, 105 = ARD-HB 1986, 379 = ÖJZ 1985/491 A = ÖJZ 1985/492 A = ÖJZ 1985/497 A = ZfVB 1985/1462; VwGH 26. 1. 2000, 94/08/0139, SVSlg 44.884 = VwSlg 15320 A/2000 = ARD 5121/16/2000 = DRdA 2000, 424 = infas 2000, S 44 = ÖJZ 2001/27 A.

wendigerweise um ein Arbeitsverhältnis im arbeitsrechtlichen Sinn handeln muss.

Ergebnis

Im Ergebnis ist unter Berücksichtigung des Beschlusses der Curriculumkommission Humanmedizin der MedUni Wien als Richtlinie für die tatsächliche Ausgestaltung des KPJ davon auszugehen, dass auch bei den Studierenden der MedUni Wien die Argumente für ein Beschäftigungsverhältnis iSd § 4 Abs 2 ASVG im KPJ, in dem für eine positive Absolvierung eine Arbeits- und Anwesenheitspflicht herrscht, überwiegen. Dies lässt sich insb mit der stärkeren Berücksichtigung persönlicher Anhängigkeit und dem weiten Begriffsverständnis eines Beschäftigungsverhältnisses begründen. Grundsätzlich wären die Studierenden daher auch – je nach Höhe des Entgelts – gem § 4 ASVG verpflichtend kranken-, unfall- und pensionsversichert sowie gem § 1 AlVG arbeitslosenversichert. Notwendige Voraussetzung hiefür ist aber stets, dass für die Dauer des KPJ ein Entgelt geleistet wird oder ein gesetzlicher oder vertraglicher Anspruch auf eine Abgeltung besteht. Eine bloß freiwillig geleistete Aufwandsentschädigung als Ersatz für tatsächlich gemachte Aufwendungen wäre nicht ausreichend.

5.3 MedUni Innsbruck

5.3.1 Das KPJ aus arbeitsrechtlicher Sicht

An der MedUni Innsbruck sieht der Studienplan (siehe Anhang 3) weitgehend gleiche Grundsätze für Studierende im KPJ wie an den MedUnis Graz und Wien vor. Das Gesamtausmaß beträgt 48 Wochen. Derzeit ist das KPJ in drei Tertialen abzuleisten. Als Pflichtfächer sind Innere Medizin, Chirurgische Fächer und Allgemeinmedizin vorgesehen. Komplettiert wird das KPJ durch Wahlfächer. Anders als bei den anderen Studienordnungen kann ein Spezialtrack „Allgemeinmedizin am Land“ statt der üblichen Ausbildungsfächer gewählt werden. Innerhalb der Tertiale sind die Blöcke mit den Ausbildungsstationen im Rahmen der studienrechtlichen Vorgaben grundsätzlich individuell wählbar. Laut Studienplan hat die Zuordnung zu den einzelnen Stationen allerdings auch unter Berücksichtigung von organisatorischen Erfordernissen zu erfolgen. Der OGH[140] fordert für ein Ausbildungsverhältnis, dass die Tätigkeiten der Art nach wechseln und sich möglichst nach Wahl des/der Auszubildenden und nicht nach betrieblichen Erfordernissen richten. Insofern ist dieses Kriterium nicht zur Gänze erfüllt, wobei es darauf ankommen wird, ob in der Praxis generell betriebliche Interessen die Zuordnung bestimmen oder nur in Ausnahmefällen die Interessen des Auszubildenden zurücktreten. Als Ziel der praktischen Ausbildung definiert die Studienordnung den Kompetenzlevelkatalog für ärztliche Fähigkeiten (siehe Anhang 4). Er gibt daher auch die konkreten Tätigkeiten, welche unter Anleitung und Kontrolle der jeweiligen Vorgesetzten zu erbringen sind, vor. Durch den Einsatz der Studierenden erspart sich die MedUni Innsbruck bzw die kooperierende Ausbildungseinrichtung aufgrund der vorrangigen Verrichtung von unterschiedlichen Ausbildungstätigkeiten zwar nicht den gänzlichen Einsatz von eigenen Arbeitnehmerinnen/Arbeitnehmern[141], eine gewisse Arbeitsentlastung durch die wiederkehrende Ausübung ärztlicher Basistätigkeiten wird aber eintreten (vgl hiezu 5.1.1).

In Hinblick auf die zeitliche Struktur des KPJ stehen laut Studienplan für eine durchschnittliche Arbeitswoche 35 Stunden (sowie fünf Unterrichtseinheiten) zur Verfügung. Unter einer Arbeitswoche sind Wochenarbeitstage zur üblichen Tagesarbeitszeit zu verstehen, die sich am Tagesablauf der Ausbildungseinrichtung orientiert. Eine Anordnung von Überstunden oder Nachtdiensten findet sich im Studienplan nicht. Konkretisiert wird der zeitliche Ablauf durch einen Ausbildungsplan, welcher von den Fachvertreterinnen/Fachvertretern erstellt und von dem/der VizerektorIn für Lehre und Studienangelegenheiten genehmigt wird. Er enthält neben Ausbildungszielen die orientierende Aufteilung der Ausbildungszeit an den jeweiligen Stationen sowie eine Auflistung der für die begleitende Beurteilung maßgeblichen praktischen Fertigkeiten (MiniCEX und DOPS) bezogen auf den Kompetenzlevelkatalog. Zur Dokumentation der Auseinandersetzung mit den Lernzielen ist von den Studierenden ein Logbuch zu führen, dem auch Nachweise über absolvierte Prüfun-

140 OGH 13. 3. 2002, 9 ObA 288/01w, ARD 5366/11/2002 = ASoK 2003, 58 = infas 2002, A 79.

141 Vgl OLG Wien 7. 4. 1997, 9 Ra 435/96y, ARD 4845/26/97.

gen beizulegen sind. Eine Fehlzeitenregelung ist im Studienplan nicht zu finden. Ergänzend zum Studienplan legt der zuständige Vizerektor für Lehre und Studienangelegenheiten die Fehlzeitenregelung in einer schriftlichen Aussendung fest (siehe Anhang 3)[142]. Nach dieser Richtlinie sind insgesamt maximal 25 Fehltage (Krankenstand, Urlaub etc) in den 48 Wochen erlaubt. Darüber hinaus bestehen auch in den einzelnen Pflicht- und Wahlfächern Beschränkungen der Fehltage (zB innere Medizin/Chirurgische Fächer zehn Tage) für einen positiven Abschluss. Fehltage sind mit dem/der BetreuerIn abzusprechen. Vergleichbar mit Studierenden der MedUni Graz und MedUni Wien (siehe hiezu bereits unter 5.1.1 bzw 5.2.1) herrscht somit für die Studierenden der MedUni Innsbruck zu den im Ausbildungsplan festgelegten Zeiten eine (weitgehende) Anwesenheits- und Arbeitspflicht, um die einzelnen Ausbildungsabschnitte positiv abschließen zu können. Die MedUni Innsbruck kann sich – ähnlich wie bei einem ihrer ArbeitnehmerInnen – (weitgehend) auf eine Anwesenheit sowie auf eine Ausübung der vorgeschriebenen Tätigkeiten durch die Studierenden verlassen und entsprechend über deren Arbeitskraft verfügen. Zu beachten ist allerdings, dass die Arbeits- und Anwesenheitspflicht auch im Ausbildungsinteresse der Studierenden liegt. Zudem ist nach Ansicht des OGH[143] die Koordination durch einen Dienstplan nicht grundsätzlich unzulässig, da einem/einer Auszubildenden auch ein Gefühl für die zu erwartende Arbeitsbelastung und den Arbeitsalltag gegeben werden soll. Ein Entgeltanspruch der Studierenden für die Zeit des KPJ findet sich im Studienplan nicht.

Ergebnis

Unter Berücksichtigung der studienrechtlichen Vorgaben wird man im Rahmen einer Gegenüberstellung der einzelnen Kriterien für und gegen das Vorliegen eines Arbeitsverhältnisses bzw Ausbildungsverhältnisses nach den vom OGH herangezogenen Überlegungen aus

---

142 Annex zur Festlegung des Vizerektors für Lehre und Studienangelegenheiten zum KPJ ab 1. 11. 2013 vom 21. 11. 2013 (http://ilias.i-med.ac.at/repository.php?ref_id=20496&cmd=sendfile).

143 OGH 29. 1. 2013, 9 ObA 150/12t, ZAS 2013, 332 mit Bespr von *Körber-Risak* = ARD 6318/5/2013 = DRdA 2013, 429.

arbeitsrechtlicher Sicht zu einem Ausbildungsverhältnis kommen. Zwar bestehen bei der Auswahl der einzelnen Stationen bzw Tätigkeiten durch die Studierenden weniger Freiheiten als bei anderen MedUnis, dafür finden sich im Studienplan der MedUni Innsbruck keine Anordnungen hinsichtlich Nachtdiensten oder Überstunden. Für den Werkvertrag und den freien Dienstvertrag fehlt es – wie bereits unter 5.1.1 erwähnt – an Grundvoraussetzungen. Allerdings gilt dasselbe wie auch bei den MedUnis Graz und Wien: Je stärker die Verpflichtung zur Erbringung von nicht durch Ausbildungsziele gedeckte Tätigkeiten im Individualvertrag (zB Mehr- und Überstunden), umso eher wird sich der Ausbildungsvertrag im engeren Sinn zu einem Arbeitsvertrag wandeln.

5.3.2 Das KPJ aus sozialrechtlicher Sicht

Wie bereits unter 4.5.1.3 erläutert, sind für den VwGH der Ausbildungszweck, insb dokumentiert über die Studienordnungen, eine weitgehende Ungebundenheit bezüglich der Erbringung konkreter Leistungen und die Unentgeltlichkeit die entscheidenden Kriterien, die für ein Ausbildungs- und gegen ein Dienstverhältnis sprechen. Die studienrechtlichen Bestimmungen der MedUni Innsbruck enthalten – wie bereits unter 5.3.1 erläutert – weitgehend die gleichen Vorgaben über Anwesenheits- und Arbeitspflicht wie die Studienordnung der MedUni Graz (vgl hiezu 5.1.1 bzw 5.1.2). Die Studierenden leisten aufgrund der Vorgaben im Studienplan (bzw der ergänzenden Fehlzeitenregelung), Ausbildungsplan und Kompetenzlevelkatalog hinsichtlich Arbeitszeit und Arbeitsablauf das KPJ in einer Art persönlicher Abhängigkeit und sind entsprechend in den Klinikalltag eingegliedert. Im Einklang mit der Lehre (siehe hiezu bereits unter 4.5.1.2) ist nach der (älteren) Rsp des VwGH[144] ein Dienstverhältnis iSd § 4 Abs 2 ASVG jedenfalls dann anzunehmen, wenn die zeitlichen, örtlichen und inhaltlichen Bindungen eines/einer Studierenden für eine den studienrechtlichen Bestimmungen entsprechende Absolvierung des Pflichtpraktikums erforderlich sind. Eine Verpflichtung zur Leistung von Überstunden oder Nachtdiensten findet

144 VwGH 31. 1. 1995, 93/08/0150, ARD 4684/24/95 = ZfVB 1996/677; VwGH 12. 12. 1995, 93/08/0256 , ARD 4765/31/96 = ZfVB 1997/1080.

sich im Studienplan hingegen nicht. Insofern fehlt nach der Rsp des VwGH[145] ein gewichtiges Indiz gegen ein Überwiegen des Ausbildungszwecks. Im Gegensatz zu den Studienplänen an den MedUnis Graz und Wien ist jedoch die Mitbestimmung der Studierenden hinsichtlich der Tätigkeitsart und der Arbeitsabläufe eingeschränkt. Denn laut Studienplan sind bei der Zuordnung zu den einzelnen Stationen nicht nur die Wünsche der Studierenden, sondern auch organisatorische Erfordernisse zu berücksichtigen. Der VwGH[146] verlangt jedoch für ein Ausbildungsverhältnis, dass die Studierenden auch auf den Inhalt der konkreten Tätigkeiten Einfluss nehmen können. Insofern spricht die eingeschränkte Bestimmungsmöglichkeit eher gegen ein Ausbildungsverhältnis, wobei es darauf ankommen wird, ob in der Praxis generell betriebliche Interessen die Zuordnung bestimmen oder nur in Ausnahmefällen die Interessen des Auszubildenden zurücktreten. In diesem Zusammenhang wird man einem/einer Studierenden zugestehen müssen, dass er/sie in einem angemessenen zeitlichen Ausmaß aus persönlichem Interesse gewisse Tätigkeiten aus dem Kompetenzlevelkatalog unter Umständen auch mehrere Male verrichtet oder er/sie zB bei seltenen und komplizierten medizinischen Eingriffen als Beobachter anwesend ist[147].

Weiters ist für ein Beschäftigungsverhältnis nach § 4 Abs 2 ASVG anzuführen, dass die Studierenden nach mehrmaliger Ausübung ärztlicher Basistätigkeiten (zB Blutabnahmen, Venenzugänge legen usw) diese auch ohne Anleitung von Vorgesetzten durchführen können und damit eine gewisse Arbeitsentlastung bei den Ausbildungseinrichtungen eintritt, wenngleich sie sich dadurch nicht den (gänzlichen) Einsatz von eigenen Arbeitnehmerinnen/Arbeitnehmern erspart. Zudem ist nach der Rsp des VwGH[148] das Begriffsverständ-

---

145 VwGH 31. 1. 1995, 93/08/0150, ARD 4684/24/95 = ZfVB 1996/677.

146 VwGH 31. 1. 1995, 93/08/0150, ARD 4684/24/95 = ZfVB 1996/677.

147 Hiebei wird es sich gem der „Kernbereich-/Randbereich-These“ von *Radner* typischerweise um einen Randbereich ohne Arbeitspflicht handeln; vgl hiezu 4.5.1.2.

148 Vgl zB VwGH 24. 1. 1985, 83/08/0033, SVSlg 28.653 = VwSlg 11648 A/1985 = ARD-HB 1986, 105 = ARD-HB 1986, 379 = ÖJZ 1985/491 A = ÖJZ 1985/492 A = ÖJZ 1985/497 A = ZfVB 1985/1462;

nis eines Beschäftigungsverhältnisses iSd § 4 Abs 2 ASVG weit, sodass es sich nicht notwendigerweise um ein Arbeitsverhältnis im arbeitsrechtlichen Sinn handeln muss. Damit die Gesamtbeurteilung zugunsten eines Beschäftigungsverhältnisses iSd § 4 Abs 2 ASVG ausfällt, muss für die Dauer des KPJ ein Entgelt geleistet werden oder ein gesetzlicher oder vertraglicher Anspruch auf eine Abgeltung bestehen[149]. Ein solcher Anspruch ergibt sich aus den studienrechtlichen Bestimmungen nicht.

Ergebnis

Zusammenfassend überwiegen die Argumente für ein Beschäftigungsverhältnis iSd § 4 Abs 2 ASVG im KPJ. Zwar besteht im Gegensatz zu den MedUnis Graz und Wien keine Verpflichtung zur Leistung von Überstunden oder Nachtdiensten, allerdings wird dies durch die eingeschränkte Mitbestimmung der Tätigkeitsart aufgewogen. Notwendige Voraussetzung für eine Pflichtversicherung ist – wie auch an den MedUnis Graz und Wien –, dass für die Dauer des KPJ ein Entgelt geleistet wird oder ein Anspruch auf eine Abgeltung bestehen müsste. Fehlt es an der Entgeltlichkeit, ist ein wesentliches Merkmal eines Beschäftigungsverhältnisses nicht erfüllt, sodass kein Pflichtversicherungsverhältnis iSd § 4 Abs 2 ASVG entsteht.

6. Vergleich mit Deutschland

In Deutschland stellt sich die allgemeine Situation der Studierenden im Rahmen des KPJ ähnlich dar wie in Österreich[150]. Eine Regelung findet sich in der Approbationsordnung für Ärzte vom 27. Juni 2002 (BGBl 2405; im Folgenden „ÄAppO"), eine Verordnung des Bun-

VwGH 26. 1. 2000, 94/08/0139, SVSlg 44.884 = VwSlg 15320 A/2000 = ARD 5121/16/2000 = DRdA 2000, 424 = infas 2000, S 44 = ÖJZ 2001/27 A.

149 Vgl VwGH 17. 10. 2001, 96/08/0101, VwSlg 15697 = ARD 5283/13/2002 = ZfVB 2003/132; siehe auch VwGH 14. 3. 2013, 2011/08/0015, ARD 6324/10/2013 = DRdA 2013, 434.

150 Vgl zB http://www.uni-heidelberg.de/md/studium/download/medizin_po_praktisches_jahr.pdf.

desministeriums für Gesundheit. Die Regelungen für das „Praktische Jahr“ finden sich in den §§ 3 und 4 ÄApprO. Auch hier sind drei Tertiale zu je 16 Wochen (Innere Medizin, Chirurgie und Allgemeinmedizin) zu absolvieren. Die Studierenden sollen dabei die im Studium erworbenen ärztlichen Kenntnisse, Fähigkeiten und Fertigkeiten vertiefen und erweitern. Sie verrichten unter Anleitung, Aufsicht und Verantwortung der ausbildenden Ärztin/des ausbildenden Arztes ihnen zugewiesene ärztliche Tätigkeiten. Laut der Verordnung sollen die Studierenden ganztägig an allen Wochenarbeitstagen im Krankenhaus anwesend sein, wobei eine Teilzeitausbildung (50% oder 75% der wöchentlichen Ausbildungszeit) mit entsprechender Verlängerung der Gesamtdauer möglich ist. Weiters dürfen sie nicht zu Tätigkeiten herangezogen werden, die ihre Ausbildung nicht fördern. Die regelmäßige Teilnahme und die erbrachten Leistungen werden überprüft und beurteilt. Fehlzeiten werden bis zu insgesamt 30 Ausbildungstagen angerechnet, davon bis zu insgesamt 20 Ausbildungstagen innerhalb eines Ausbildungsabschnitts. Bei einer darüber hinausgehenden Unterbrechung aus wichtigem Grund sind bereits abgeleistete Teile des KPJ anzurechnen. Besonders erwähnenswert ist, dass eine Gewährung von Geld- oder Sachleistungen vorgesehen ist, die allerdings mit dem Betrag von € 373 (sowie zusätzlich € 224 für eine Unterkunft) begrenzt sind.

Laut einer Umfrage des Hartmannbunds 2013[151] (Verband der Ärzte Deutschlands) und einschlägigen Medienberichten[152] gewährt der überwiegende Teil der medizinischen Ausbildungseinrichtungen eine Aufwandsentschädigung gem der ÄApprO in Form von Geld- und Sachleistungen für die Studierenden im KPJ. Die Höhe der monatlichen Geldleistung beträgt je nach Ausbildungseinrichtung zwischen € 100 und mehr als € 600. Hinzu kommen bei manchen Einrichtungen vergünstigte oder kostenlose Mahlzeiten, Wohnmöglichkeiten und Parkplätze.

151 http://www.hartmannbund.de/NMS/168/message/157/.

152 Vgl zB http://www.aerztezeitung.de/politik_gesellschaft/berufspolitik/article/516405/immer-kliniken-zahlen-pj.html; http://www.aerzteblatt.de/nachrichten/54095/Hartmannbund-fordert-einheitliche-Verguetung-fuer-PJ-Studierende.

Die rechtliche Situation der Studierenden im KPJ in Deutschland ist nur in den Grundzügen vergleichbar mit der Situation in Österreich. Diese werden im Unterschied zu Österreich bundesweit durch die ÄApprO vorgegeben. Anders als in Österreich kann bspw das KPJ auch als Teilzeitausbildung absolviert werden, wodurch eine Nebenbeschäftigung möglich ist. Eine genau einzuhaltende Stundenanzahl ist – jedenfalls nach der ÄApprO – nicht vorgesehen. Auch Fehlzeiten werden großzügiger angerechnet, sodass den Studierenden eine flexiblere Gestaltung des KPJ ermöglicht wird. Darüber hinaus sind Geld- und Sachleistungen an die Studierenden ausdrücklich erwähnt. Ein Großteil der Ausbildungskrankenhäuser sieht daher auch entsprechende monatliche Vergütungen in Form von Geld und/oder Sachzuwendungen als Anerkennung für die geleisteten Dienste der Studierenden vor. Insgesamt ist die Ausgestaltung des KPJ in Deutschland weitaus „studierendenfreundlicher“ als in Österreich. Die Gefahr einer verstärkten Abwanderung von österreichischen Studierenden nach Deutschland nimmt damit zu und ein wesentliches Element des Klinikbetriebs könnte verloren gehen.

7. Ausblick/Vorschläge

- Die Überprüfung der arbeitsrechtlichen Situation an den MedUnis hat ergeben, dass für die Dauer des KPJ gerade noch kein Arbeitsverhältnis iSd Arbeitsvertragsrechts, sondern ein Ausbildungsverhältnis sui generis vorliegt. Dieses Ergebnis könnte noch dadurch „abgesichert“ werden, dass der Ausbildungsvertrag Verpflichtungen, die nicht untrennbar mit dem Ausbildungszweck verbunden sind, ausschließt. Mehrarbeit, Überstundenarbeit, verlängerte Dienste, Nachtdienste sollten daher nicht beliebig angeordnet werden können.
- Liegt kein Arbeitsverhältnis vor, dann kommt Arbeitsrecht grundsätzlich nicht zur Anwendung. Die Einbindung in den Krankenanstaltenbetrieb sollte aber dazu führen, dass allgemein anerkannte Schutzstandards vereinbart werden, sofern sie nicht bereits kraft Gesetzes zum Tragen kommen. Dies gilt insb für das ASchG und die dazu erlassenen Verordnungen, das KA-AZG, das MSchG, das ARG und das DHG. Auch entspre-

chende Gesetzesänderungen wären in diesem Zusammenhang angebracht.

- Eine Reihe von Rechten und Pflichten, die sich letztlich auch auf die Rechtsnatur des Ausbildungsvertrages auswirken können, sollten überdacht werden und in einen Mustervertrag Eingang finden. Dies bezieht sich insb auf die Einhaltung bestimmter Dienstzeiten, auf den Ausgleich von Mehrarbeit durch Zeitausgleich, auf die Höhe einer Abgeltung (Ausbildungsbeitrag), auf die Berücksichtigung von Krankheit, Arbeitsunfall und sonstige Dienstverhinderungen bei der Abgeltung, auf Geheimhaltungspflichten, Verhaltenskodices gegenüber Patientinnen/Patienten, Weisungsbefugte/Weisungshierarchien, Rechtsfolgen/Verfahren bei Pflichtverletzungen und sonstigen Regelungs- und Rechtsstreitigkeiten etc.
- Besonders hervorzuheben ist die Vereinbarung eines Ausbildungsbeitrags, der den Kriterien der Angemessenheit nach § 1152 ABGB entspricht und der sämtlichen arbeitsrechtlichen Gleichbehandlungsgrundsätzen entsprechen muss. Der Ausbildungsbeitrag ist de lege lata nicht verpflichtend, er entspricht vielmehr dem Gebot einer fairen Behandlung aller im Gesundheitswesen Tätigen. De lege ferenda wäre – sollte es nicht flächendeckend zu vertraglichen Abgeltungen kommen – eine gesetzliche Absicherung zu fordern. Dies ließe sich zweifellos mit der Sicherung des österreichischen Gesundheitswesens und der Gefahr der Abwanderung bestausgebildeter, angehender MedizinerInnen begründen. Hinzu kommt noch die regelmäßige individuelle finanzielle Situation der Studierenden, die in dieser Phase des Studiums in Richtung Prekarität tendiert.
- Auch wenn die aktuelle rechtliche Beurteilung von einem Beschäftigungsverhältnis iSd § 4 Abs 2 ASVG ausgeht, wäre eine gesetzliche Klarstellung sinnvoll.
- Eine Vollversicherungspflicht besteht nur bei Überschreiten der Geringfügigkeitsgrenze nach § 5 Abs 2 ASVG (€ 395,31 pro Monat bzw € 30,35 pro Tag; Stand 2014). Geringere Entgelte führen nur zur Teilversicherung in der Unfallversicherung. Die Vereinbarung eines Ausbildungsentgelts löst damit unmittelbar die maßgeblichen sozialversicherungsrechtlichen Konsequenzen aus.

Anhang 1

Auszug aus dem Studienplan für das Diplomstudium der Humanmedizin der MedUni Graz in der Fassung 1. 10. 2013:

2.4 Dritter Studienabschnitt – neu

1. Das KPJ dient dem Erwerb und der Vertiefung der im österr. Kompetenzlevelkatalog für ärztliche Fertigkeiten aufgeführten Kompetenzen gemäß europäischer Vorgaben (EU-Richtlinie – Grundstudium).
2. Im Vordergrund steht die Betreuung von PatientInnen unter Anleitung (siehe § 49 Abs. 4 und 5 Ärztegesetz 1998, Novelle 2009). Eine Integration in ein Behandlungsteam und Übernahme von Aufgaben entsprechend dem Ausbildungsstand ist Voraussetzung, um klinisch-problemorientiertes wissenschaftliches Denken und evidenz-/wissenschaftlich basiertes ärztliches Handeln bei der Betreuung von PatientInnen zu vertiefen. Das inkludiert ein professionelles Verhalten sowohl gegenüber PatientInnen und deren Angehörigen wie gegenüber verschiedenen Berufsgruppen und öffentlichen Stellen.
3. Die aktive Teilnahme am klinischen Alltag in seiner gesamten Vielfalt ist essenzieller Teil der Ausbildung. Eine eigenständige Vertiefung des Wissens durch selbstgesteuertes Lernen durch reale Aufgabenstellungen im klinischen Alltag (task based learning) soll dabei – auch im Sinne des lebenslangen Lernens – geübt werden. Dabei wird die Eigeninitiative und Eigenverantwortung für die eigene Aus- und Weiterbildung gefördert.
4. Studierende sind Auszubildende, die nur in dem für das Erreichen der Ausbildungsziele notwendigen Ausmaß zu Routinetätigkeiten herangezogen werden können. Gleichzeitig muss gewährleistet sein, dass das Klinische Praktikum als Teil des Studiums die geforderte Breite der klinischen Ausbildung sicherstellt.
5. Das Anwenden und Vertiefen des im Lernkontext am Patienten/an der Patientin Erlernten muss an einer klinischen Abteilung, in einer Ambulanz bzw. in einer Lehrpraxis (Allgemeinmedizin) unter Supervision stattfinden. Eine Ausnahme bilden Wahlfächer in nicht klinischen Facharzt/-ärztinbereichen.

2.4.1

Der dritte Studienabschnitt – das Klinisch-Praktische Jahr (KPJ) – beginnt jeweils am ersten Montag im August und umfasst in einem Jahr insgesamt 48 Wochen.

1 SSt. Übung ist reserviert zum Erlernen **ärztlicher diagnostischer praktischer Fertigkeiten** (ÄDPF).

1 SSt. Seminar und Übung für **Praktisch-Klinische Fertigkeiten** und 2 SSt. Seminar und Übung für praktische Notfallmedizin (geblockt, parallel zu den 8 Wochenblöcken der Chirurgie, speziellen Chirurgie, Inneren Medizin und Inneren Medizin/Neurologie absolvierbar). Die restlichen Stunden sind den Praktika zugeordnet.

Die 48 Wochen sind prinzipiell in 3 Tertiale zu je 16 Wochen gegliedert: 1 mit jeweils 4 Wochen Pflichtblock Allgemeinmedizin, 4 Wochen Pflichtblock Kinder und 4 Wochen Pflichtblock Psychiatrie sowie 4 Wochen Wahlfach.

Die Tertiale sind durchgehend zu absolvieren, wobei im Tertial „Chirurgie“ und „Interne“ einmal gewechselt werden kann – die Mindestdauer eines Blockes beträgt 8 Wochen. Im Wahltertial beträgt die kleinste Einheit 4 Wochen.

2.4.2 Anwesenheitsbestimmungen für die Praktika

Den Praktika der einzelnen Tertiale sind die gemäß Anhang angeführten SSt und ECTS zugeordnet.

Die Anwesenheit im Praktikum umfasst jeweils 5 Tage pro Woche zu 7 Stunden (35 Stunden pro Woche exklusive Mittagspause). Das entspricht 560 Stunden pro Tertial, bei Aufteilung in Tertial Chirurgie und Interne 2 × 280 Stunden; im Wahlfachtertial 4 × 140 Stunden.

Sofern zum Erreichen spezifischer Lernziele sinnvoll, kann die Anwesenheitszeit auf 12 Stunden pro Tag ausgeweitet werden, wobei die zu absolvierende Gesamtzeit unverändert bleibt. Zusätzlich zum benannten Zeitrahmen kann in jedem Block ein Nachtdienst vorgeschrieben werden. Weitere Nachtdienste erfolgen ausschließlich freiwillig und können nicht angeordnet werden. Bei verlängerten Diensten und Nachtdiensten sind die Bestimmungen des Krankenanstalten-Arbeitszeitgesetzes sinngemäß auf die Studierenden anzuwenden. Überstunden werden im Verhältnis 1:1 ausgeglichen. Die Erfassung der Anwesenheit der Studierenden erfolgt durch die jeweils verantwortlichen Personen mittels Unterschrift auf der Anwesenheitskarte (Logbuch). Damit erfolgt auch die Anordnung und Bestätigung von Überstunden. Den Studierenden steht eine halbe Stunde Pause pro Tag zu.

Eine begründete/gemeldete Abwesenheit von 25 Tagen in 48 Wochen ist möglich.

Darüber hinaus gehende Abwesenheiten (Krankheit, ...) bedürfen einer Begründung/Bestätigung, wobei die Gesamtabwesenheit nicht ein Sechstel der Gesamtzeit des jeweiligen Blockes/Tertials übersteigen darf. In diesem Fall ist ein Nachholen zwecks positiven Abschlusses des Blockes und Tertials erforderlich.

Der Besuch der begleitenden Seminare und Übungen (Verweis auf 2.4.1) ist als Teil des Praktikums zu sehen und muss den Studierenden während allen acht- und 16-wöchigen Blöcken ermöglicht werden.

Die in den begleitenden Seminaren und Übungen verbrachte Zeit gilt betreffend die Praktika gemeldet als entschuldigt, solange sie nicht die 1/6-Regelung überschreitet.

2.4.3 Leistungsüberprüfung

Die Leistungsüberprüfung der Studierenden umfasst MiniCEX (Mini clinical exams) und DOPS (direct observation of practical skills), die alle 2 Wochen im klinischen Bereich auf Basis der im Logbuch für den jeweiligen Bereich definierten Lernziele durchgeführt und im Logbuch dokumentiert werden. Im Anschluss ist ein Feedback-Gespräch über den Fortschritt im Logbuch zu dokumentieren.

In jenen Wochen, wo keine MiniCEXs oder DOPS stattfinden, ist ein Fallbericht in der im VMC angeführten Struktur zu verfassen. Das ergibt pro Tertial 8 Fallberichte. Diese werden nach Qualitätskontrolle durch den/die BetreuerIn beurteilt und durch den/die TertialkoordinatorIn ggf. korrigiert und freigegeben. Sie fließen in die Gesamtbeurteilung des klinischen Blockes/Tertials ein.

Wird ein Termin versäumt, so kann dieser in einer der folgenden Wochen nachgeholt werden.

Am Ende des klinischen Blockes/Tertials ist eine Lehrveranstaltungsevaluierung der Lehrveranstaltung durchzuführen und der OSL zu übermitteln.

2.4.4 Organisatorische Einteilung

Im Folgenden werden die Abteilungen genannt, zu denen eine Zuordnung zur Absolvierung des jeweiligen Tertials erfolgen kann:

2.4.4.1 Stationen 16 Wochen Chirurgie und perioperative Fächer

Die Studierenden haben in den Fächern Chirurgie, spezielle Chirurgie (Sinnesorgane) und Anästhesie die Wahl zwischen den folgenden Stationen:

Chirurgie (8 Wochen oder 16 Wochen):
- Chirurgie (Schwerpunkt Allgemeinchirurgie)
- Unfallchirurgie
- Gynäkologie
- Urologie

Spezielle Chirurgie/Perioperative Fächer (8 Wochen):
- Augen
- Orthopädie
- HNO
- Dermatologie
- Neurochirurgie
- Kiefer- & Gesichtschirurgie
- Anästhesie, Akut- und Notfallmedizin
- Thoraxchirurgie
- Gefäßchirurgie
- Plastische Chirurgie
- Herzchirurgie
- Transplantationschirurgie

2.4.4.2 Stationen 16 Wochen Innere Medizin

Innere Medizin (8 Wochen oder 16 Wochen):
- Innere Medizin (jede innere Abteilung mit allgemein internistischen PatientInnen)

Innere Medizin/Neurologie (8 Wochen):

Absolvierbar in Abteilungen
- Innere Medizin (alle Subdisziplinen, nur in inneren Abteilungen mit Akutaufnahmen)
- Neurologie (alle Subdisziplinen, nur in neurologischen Abteilungen mit Akutaufnahmen)

2.4.4.3 Stationen 16 Wochen frei zu gestaltender Block

Allgemeinmedizin (4 Wochen):

Praktikum im Gesamtausmaß von 140 Echtstunden, verteilt auf 18 Tage Praktikum in der Allgemeinmedizinischen Lehrpraxis, Bereitschaftsdienst, Nachtdienst oder Ärztenotdienst. Während des Praktikums müssen mindestens drei PatientInnen-Fallberichte erstellt werden.

Das Begleitseminar (insgesamt 1 SSt) findet am ersten und am letzten Tag des Zeitslots statt. In den Begleitseminaren wird eine strukturierte Befragung zu den zugrunde liegenden Fallberichten von den SeminarleiterInnen durchgeführt („MiniCex").

Kinder + Eltern (4 Wochen):

- Kinderchirurgie
- Kinder- und Jugendheilkunde
- Kinder- und Jugendpsychiatrie
- Geburtshilfe

Psychiatrie (4 Wochen)

- Psychiatrie und Psychotherapie
- Psychosomatische Medizin

Wahlfach (4 Wochen):

Ein Wahlfach kann in allen oben genannten klinischen Stationen bzw. generell in allen Fächern, für die es eine fachärztliche Ausbildung gibt, für 4 Wochen absolviert werden.

Zusätzlich:

- Allgemeinmedizin Wahlfach: 140 Stunden Praktikum in einer universitären Lehrpraxis für Allgemeinmedizin. Voraussetzung für den Besuch ist die positive Absolvierung des Pflichtfaches Allgemeinmedizin.

2.4.5 Lernziele

Basierend auf dem facettenreichen Rollenbild der Medizinischen Universität Graz und dem Kompetenzlevelkatalog klinische Fertigkeiten.

Ärztliche diagnostische praktische Fertigkeiten (ÄDPF). Diese Übung vertieft die Fertigkeiten in der Interpretation von Röntgenbildern, CT- und MRT-Bildern, Sonographien, EKG und Laborbefunden sowie weiteren ärztlich-diagnostischen Fertigkeiten.

Praktisch-Klinische Fertigkeiten

In dieser Lehrveranstaltung werden Situationen und typische Probleme von ÄrztInnen in Ausbildung aufgegriffen und unter Vermittlung von klinischen Basisfertigkeiten ein praxisorientierter Bezug zu vorhandenem Wissen hergestellt.

Praktische Notfallmedizin

Die Seminare und Übungen vermitteln noch fehlende notfallmedizinische Inhalte in Anlehnung an die Inhalte des Notarztkurses.

Anhang 2

Auszug aus dem Studienplan für das Diplomstudium der Humanmedizin der MedUni Wien in der Fassung 1. 10. 2013:

2.8 Das Klinisch-Praktische Jahr (KPJ)*

Eckpunkte der Ausbildung im Klinisch-Praktischen Jahr:

1. Das KPJ findet im 6. Studienjahr statt und umfasst 48 Wochen.
2. Das KPJ dient dem Erwerb und der Vertiefung der im österr. Kompetenzlevelkatalog für ärztliche Fertigkeiten und gemäß europäischer Vorgaben (EU-Richtlinie-Grundstudium) aufgeführten Kompetenzen.
3. Das Anwenden und Vertiefen des Erlernten im Lernkontext muss an einer klinischen Station, in einer Ambulanz bzw. in einer Lehrpraxis (Allgemeinmedizin) an PatientInnen unter Supervision stattfinden. Eine Ausnahme bilden Wahlfächer in nicht klinischen Facharztbereichen, soferne diese als Wahlfachmöglichkeit im KPJ vorgesehen sind.
4. Den Schwerpunkt bildet selbstgesteuertes Lernen durch reale Aufgabenstellungen im klinischen Alltag (task based learning).
5. Im Vordergrund steht die Betreuung von PatientInnen unter Anleitung (siehe § 49 Abs. 4 und 5 Ärztegesetz 1998, BGBl. I Nr. 169/1998, idgF). Eine reine BeobachterInnenrolle (passive Teilnahme an Visiten, Tumorboards etc.) ist nicht ausreichend.
6. Die aktive Teilnahme am klinischen Alltag (z. B. Patientenvorstellung durch die/den Studierende/n, Teilnahme an Aus- und

* Tritt mit Ende des Studienjahres 2016/2017 außer Kraft.

Weiterbildungsveranstaltungen, Visiten, Tumorboards) ist essenzieller Teil der Ausbildung. Eine eigenständige Vertiefung des Wissens zu den dabei auftretenden Problemstellungen soll dabei – auch im Sinne des lebenslangen Lernens – geübt werden.

7. Üben von klinisch-problemorientiertem wissenschaftlichem Denken und evidenzbasiertem ärztlichem Handeln bei der Führung von PatientInnen.
8. Integration in ein Behandlungsteam und Übernahme von Aufgaben entsprechend dem Ausbildungsstand. Studierende sind Auszubildende, die in dem für das Erreichen der Ausbildungsziele notwendigen Ausmaß zu klinischen Tätigkeiten herangezogen werden. Dabei muss gewährleistet sein, dass das Klinische Praktikum als Teil des Studiums die geforderte Breite der klinischen Ausbildung sicherstellt.
9. Üben eines professionellen Verhaltens sowohl gegenüber PatientInnen und deren Angehörigen wie gegenüber verschiedenen Berufsgruppen und öffentlichen Stellen.
10. Förderung der Eigeninitiative und der Eigenverantwortung für die eigene Aus- und Weiterbildung.

5.3.2. 11. und 12. Semester – Klinisch-Praktisches Jahr (KPJ)

Im Klinisch-Praktischen Jahr (KPJ) sollen die Studierenden die in den vorangegangenen 5 Studienjahren erworbenen Kenntnisse, Fertigkeiten und ärztlichen Haltungen (professionelles Handeln) vertiefen und unter Anleitung die Befähigung zur postgraduellen Aus- und Weiterbildung erwerben. Die übergeordneten Zielsetzungen sind der Erwerb von

- Skills, Wissen und Attitudes gemäß dem österreichischen Kompetenzkatalog und gemäß europäischen Vorgaben
- Kompetenz in klinisch-problemorientiertem wissenschaftlichem Denken und evidenzbasiertem ärztlichem Handeln.

Der österreichische Kompetenzlevelkatalog für ärztliche Fertigkeiten bildet eine wesentliche Basis für das KPJ. Dieser von allen österreichischen Medizin-Universitäten approbierte Katalog definiert die 27 gemeinsamen Mindestanforderungen für ärztliche Fertigkeiten und Fähigkeiten durch drei Kompetenzlevels.

Das Klinisch-Praktische Jahr umfasst in der Regel eine durchgängige praktische Ausbildung von 48 Wochen.

Das KPJ ist in drei KPJ-Tertiale zu je 16 Wochen unterteilt. Folgende Fächer können innerhalb der KPJ-Tertiale gewählt werden:*

KPJ-Tertial A „Innere Medizin“:
Angiologie, Gastroenterologie und Hepatologie, Geriatrie/Gerontologie, Hämato-Onkologie, Infektiologie, Kardiologie, Nephrologie, Notfallmedizin, Onkologie, Lungenkrankheiten, Rheumatologie, Endokrinologie und Stoffwechselerkrankungen.

KPJ-Tertial B „Chirurgische und perioperative Fächer“:
Allgemeinchirurgie, Anästhesiologie u. Intensivmedizin, Gefäßchirurgie, Herz-/Thoraxchirurgie, Kinderchirurgie, Neurochirurgie, Orthopädie, Plastische Chirurgie, Unfallchirurgie, Urologie, Viszeralchirurgie. Anästhesiologie u. Intensivmedizin kann nur im Ausmaß von 8 Wochen absolviert werden und erfordert daher eine Kombination mit einem chirurgischen Fach.

KPJ-Tertial C „Wahlfächer“:
(ein oder zwei Wahlfächer; 16 bzw. 2 × 8 Wochen):
Allgemeinmedizin und alle zur Facharztausbildung berechtigten Fächer und Zusatzfächer (entsprechend der Ärztinnen-/Ärzte-Ausbildungsordnung 2006, BGBl. II Nr. 286/2006, idgF). Fächer, die bereits im KPJ-Tertial A und B absolviert wurden, sind im KPJ-Tertial C nicht wählbar. Nicht klinische Fächer können nur im Ausmaß von 8 Wochen absolviert werden. Allgemeinmedizin kann im Ausmaß von 8 oder 16 Wochen absolviert werden. Wird Allgemeinmedizin im KPJ-Tertial C gewählt, kann die 4-wöchige Famulatur Allgemeinmedizin durch eine freie Famulatur ersetzt werden.

Auszug aus dem Beschluss der Curriculumkommission Humanmedizin der MedUni Wien vom 12. 1. 2012 – ergänzt durch die Beschlüsse vom 14. 3. 2013, 11. 4. 2013 sowie 16. 5. 2013 und approbiert vom Senat der MedUni Wien am 7. 6. 2013:

Anwesenheit und Fehlzeiten (Seite 6 f)
Klare und verbindlich geregelte Anwesenheitszeiten sind im KPJ ein wichtiges Qualitätskriterium. In der Regel beträgt die Anwesenheit

* Der zweite Satz des zweiten Abschnitts tritt mit Ende des Studienjahres 2016/2017 außer Kraft.

der Studierenden im Spital 35 Stunden in der Woche. Die Basisanwesenheitszeit beträgt im KPJ 7 Stunden an 5 Tagen der Woche. Dies entspricht 35 Stunden pro Woche. Die Anwesenheitszeit soll 35 Stunden/Woche nicht überschreiten. Überstunden werden durch Freizeit 1:1 abgegolten. Die Ableistung kann in Sonderfällen nach begründetem Antrag (Kriterien noch zu definieren) in Teilzeit (50%) absolviert werden. Österreichische gesetzliche Feiertage, der 24. 12. und der 31. 12. sind keine verpflichtenden Anwesenheitstage. Entsprechend den Möglichkeiten des LKH sollen mind. 3 und max. 8 Journaldienste (max. 24 Stunden) im KPJ-Tertial (pro 16 Wochen) abgeleistet werden. Dabei muss die Anwesenheit zu Kernzeiten die Journaldienstzeiten deutlich übertreffen. Am Tag nach Nachtdiensten ist eine Anwesenheit nicht gestattet. Die absolvierte Zeit ist entsprechend auszugleichen. Wenn keine räumlichen Voraussetzungen für Studierende bei Journaldiensten vorhanden sind, sind diese nicht obligatorisch.

Anrechnungsfähig sind ausschließlich zusammenhängende Zeiten von mind. 8 Wochen Dauer (Ausnahmen bei einigen Wahlfächern sind explizit zu definieren). Rotationen innerhalb einer Abteilung inklusive deren Ambulanzen im KPJ-Tertial sind möglich und erwünscht. Ein einmaliger Wechsel der Abteilung bei 16-wöchigen KPJ-Tertialen ist möglich. Insgesamt sind 25 Tage Fehlzeiten erlaubt (alle Formen der Abwesenheit inkludiert); max. 10 Fehltage in einem KPJ-Tertial. Darüber hinausgehende Fehltage sind nachzuholen, sowohl auf das gesamte KPJ bezogen (= 25 Tage) als auch bzgl. einem KPJ-Tertial (= 10 Tage). Bei Fehltagen (Urlaubstagen) ist Einvernehmen mit dem Lehrkrankenhaus/der Lehrpraxis herzustellen. Gesonderte Regelungen für längere Fehlzeiten (Schwangerschaft, länger andauernde Krankheit, Pflege) können getroffen werden.

Arbeitsrechtliche Stellung (Seite 7)
Ein Anstellungsverhältnis im arbeitsrechtlichen Sinn besteht für die Studierenden während des KPJ nicht, ihr Status ist der von Studierenden mit allen damit verbundenen sozial- und versicherungsrechtlichen Gegebenheiten.

Lernerfolgskontrolle (Seite 8 f)
Die verbindlichen Lernziele des Kompetenzlevelkatalogs für ärztliche Fertigkeiten werden im Logbuch und im Portfolio abgebildet

und sind durch die Studierenden zu erfüllen. Am Ende des KPJ soll eine abschließende Kompetenzüberprüfung durch die MedUni Wien durchgeführt werden.

Die verbindlichen Lernziele und die zu erwerbenden Kompetenzen der jeweiligen KPJ-Tertiale werden im Logbuch ausgewiesen. Dies wird ergänzt durch die spezifischen Ausbildungskataloge der einzelnen Fächer. Das Logbuch dient der Dokumentation und Kontrolle des Lernfortschrittes.

Das Logbuch dokumentiert:

- Ablauf und Struktur des Tertials
- Die Erreichung der vorgegebenen Lernziele
- Die begleitende Beurteilung mittels eines MiniCEX (Mini-Clinical Evaluation Excercise) bzw. DOPS (Direct Observation of Procedural Skills) alle 14 Tage
- Die Durchführung des Mid-Term-Feedbackgesprächs und der dabei festgestellten Stärken/Schwächen der/s Studierenden
- Die durchgeführten aktiven und passiven Aktivitäten des strukturierten Ausbildungsprogrammes inklusive der dabei erreichten Punkte
- Die Ergebnisse des abschließenden Feedback-Gesprächs am Ende des KPJ-Tertiales

Ein strukturiertes Portfolio im KPJ dient der Dokumentation und Unterstützung des Lernerfolges. Das Portfolio bietet den Studierenden Platz für eigene Aufzeichnungen, wie z.B. die Vorstellung von Patientinnen und Patienten, die Teilnahme an Fortbildungsveranstaltungen, die Dokumentation von optionalen Lernzielen etc. Neben dem Wissenserwerb soll das Portfolio den Studierenden auch Raum zur Selbstreflexion bieten. Im Portfolio sollen zudem die Feedbackgespräche (Mentorinnen und Mentoren) und Reflexionsrunden dokumentiert werden, die zur Kommunikation zwischen Lehrenden und Lernenden über den persönlichen Fortschritt der/des Studierenden und der Verbesserung des bisherigen KPJ-Tertial-Verlaufs dienen.

Infrastruktur und Sozialleistungen (Seite 10)

Die Lehrkrankenhäuser und -praxen haben den Studierenden Zugang zur Patientendokumentation und zum Patientenverwaltungssystem bzw. zu den IT-Systemen zu gewährleisten. Die an der Med-

Uni Wien aufliegende Verschwiegenheitserklärung der Studierenden kann durch eine zusätzliche Verschwiegenheitserklärung am LKH ergänzt werden.

Die MedUni Wien erhebt im Rahmen des Akkreditierungsprozesses für Lehrkrankenhäuser- und Lehrpraxen:

- Infrastruktur für den Aufenthalt der Studierenden wie Dienstkleidung (gemäß Hygienevorschriften), Garderobespind und ggf. IT-Zugänge
- Infrastruktur für das Selbststudium (Bibliothek, Internetzugriff, Zugang zu Journalen, Räumlichkeiten, Arbeitsplatz, technische Ausstattung)

Optionale Sozialleistungen für die Studierenden können sein:

- Unterkunft,
- Verpflegung,
- Fahrkostenzuschuss
- bzw. eine entsprechende Aufwandsentschädigung
- sowie weitere Sozialleistungen (Betriebskindergarten etc.)

Anhang 3

Auszug aus dem Studienplan für das Diplomstudium der Humanmedizin der MedUni Innsbruck in der Fassung 1. 10. 2014:

1.5 Praxisorientierung – Klinische Ausbildung

Die klinisch-praktische Ausbildung an der Universitätsklinik und an von der Medizinischen Universität Innsbruck anerkannten Lehrkrankenhäusern, Lehrabteilungen und Lehrpraxen umfasst insgesamt 48 Semesterstunden strukturierten Unterrichts sowie 48 Wochen klinisch-praktische Tätigkeit im Rahmen des Klinisch-Praktischen Jahres. Sie beginnt bereits im 1. Studienabschnitt und wird aufbauend in allen Abschnitten durchgeführt. Weiters sind 12 Wochen Pflichtfamulatur zu absolvieren. In den Pflichtfamulaturen und im Klinisch-Praktischen Jahr lernen die Studierenden vorwiegend im stationären oder ambulanten Bereich an Kliniken oder Lehrpraxen in arbeitsplatzbasierten Lehrsituationen. Damit soll sichergestellt werden, dass handlungskompetente Medizinerinnen/Mediziner ausgebildet werden. Der Nachweis dieser Handlungskompetenz erfolgt in lehrveranstaltungsimmanenten praktischen Leistungserfassungen und hierfür geeigneten Dokumentationsverfahren. Diese praktische Ausbildung stellt sicher, dass die im „Österreichischen Kompetenzlevelkatalog für ärztliche Fertigkeiten“ der Medizinischen Universitäten Österreichs gelisteten praktischen Fertigkeiten von Absolventinnen/Absolventen erreicht werden.

1.6 Unterricht im Klinisch-Praktischen Jahr

Der Unterricht im Klinisch-Praktischen Jahr stellt eine Kombination von klinisch-praktischer Tätigkeit und strukturiertem Unterricht im Rahmen des Klinisch-Praktischen Jahres dar. Dabei wird den Studierenden die Möglichkeit einer kontinuierlichen und unmittelbar am Patienten stattfindenden klinisch-praktischen Ausbildung geboten.

6.2 Klinisch-Praktisches Jahr in den Semestern 11 und 12

Im Klinisch-Praktischen Jahr sollen die Studierenden ihre Kenntnisse, Fähigkeiten und Fertigkeiten festigen und ihre medizinische Handlungskompetenz erweitern durch: (1) praktische Tätigkeit in verschiedenen klinischen Fächern bzw. in allgemeinmedizinischen Lehrpraxen und (2) erfolgreiche Teilnahme am strukturierten Unterricht zu relevanten Fragestellungen und therapeutischen Konzepten des jeweiligen Faches bzw. der Allgemeinmedizin.

Das Klinisch-Praktische Jahr (insgesamt 48 Wochen) setzt sich aus einem Anteil an klinisch-praktischer Tätigkeit im Rahmen des Klinisch-Praktischen Jahres und einem Anteil an strukturiertem Unterricht zusammen.

Das Studienjahr mit 2 Semestern besteht aus 6 Modulen, davon zwei mit 16 Wochen und vier mit 4 Wochen Dauer, in welchen die Studierenden nach individuellem Rotationsschema die diversen Pflicht- bzw. Wahlmodule durchlaufen. Zusätzlich gibt es die Möglichkeit, einen Spezialtrack „Allgemeinmedizin am Land“ zu wählen. Dieser besteht aus 5 Modulen, davon zwei Module mit 16 Wochen, dem Allgemeinmedizinmodul mit 8 Wochen sowie zwei Modulen (einmal Wahlfach I und einmal Wahlfach II) mit je 4 Wochen. Die genauen Regelungen für diesen Spezialtrack sind vom studienrechtlichen Organ zu definieren und publizieren.

6.2.1 Eintrittserfordernis

Das Klinisch-Praktische Jahr (KPJ) kann erst nach erfolgreicher Absolvierung der SIP 5 (bei Schema SIP 3A–4A–5 der 3. Diplomprüfung) bzw. der SIP 4 (bei Schema SIP 3–4 der 3. Diplomprüfung) sowie dem Nachweis von 12 Wochen Pflichtfamulatur begonnen werden.

6.2.2 Pflichtfächer im Klinisch-Praktischen Jahr

Pflichtfächer sind Innere Medizin (16 Wochen), Chirurgische Fächer (16 Wochen) und Allgemeinmedizin (4 Wochen). Jedes dieser Pflichtfächer muss zur Gänze an einer Einrichtung abgeleistet werden.

6.2.3 Wahlfächer im Klinisch-Praktischen Jahr

Es müssen zwei Wahlfächer I und ein Wahlfach II absolviert werden.

Wahlfach I:
Wahlfächer I mit der Dauer von jeweils 4 Wochen sind: Dermatologie, Gynäkologie und Geburtshilfe, Hals-, Nasen- und Ohrenheilkunde, Kinder- und Jugendheilkunde, Neurologie sowie Psychiatrie. Die Studierende/der Studierende hat die beiden Wahlfächer I aus diesen sechs Fächern zu wählen. Diese werden nach der individuellen zeitlichen Reihenfolge (1. bzw. 2. Wahlfach I) unterschieden.

Wahlfach II:
Wahlfächer mit der Dauer von 4 Wochen sind: jedes klinische Fach (d. h. jedes Fach mit Patientenbetreuung), das vom studienrechtlichen Organ für Wahlfach II genehmigt ist.

6.2.4 Zuordnung zu den Ausbildungsstätten im Klinisch-Praktischen Jahr

Im KPJ sind die Studierenden für die Dauer eines Moduls einer klinischen Ausbildungsstätte bzw. einer Lehrpraxis zugeordnet und absolvieren so die Module in individueller Reihenfolge (Rotation). Als klinische Ausbildungsstätten stehen neben der Universitätsklinik Innsbruck die von der Medizinischen Universität Innsbruck anerkannten Lehrkrankenhäuser, Lehrabteilungen und Lehrpraxen zur

Verfügung. Die individuelle Reihenfolge und die Zuordnung zu den Einrichtungen sind unter Berücksichtigung der individuellen Wünsche der Studierenden/des Studierenden sowie der organisatorischen Erfordernisse rechtzeitig vor Beginn des KPJ von der Vizerektorin/dem Vizerektor für Lehre und Studienangelegenheiten vorzunehmen. Studierende können eines der beiden sechzehnwöchigen Pflichtmodule (d. h., Innere Medizin oder Chirurgische Fächer) des Klinisch-Praktischen Jahres an ausländischen Einrichtungen absolvieren, die nicht Lehrkrankenhäuser der Medizinischen Universität Innsbruck sind. Das zweite sechzehnwöchige Pflichtmodul kann nur über eine zusätzliche Genehmigung durch das studienrechtliche Organ im Ausland absolviert werden. Darüber hinaus gelten die gleichen Regeln wie für alle im Ausland absolvierten Teile. Dies ist innerhalb der vom studienrechtlichen Organ festzulegenden Frist beim studienrechtlichen Organ zu beantragen und von diesem nach zu veröffentlichenden Kriterien zu entscheiden. Diese Kriterien enthalten auch Regelungen bzgl. der begleitenden Beurteilungen der praktischen Fähigkeiten (siehe 6.2.6) in diesen Einrichtungen.

6.2.5 Dauer und zeitliche Struktur des Klinisch-Praktischen Jahres

Das Klinisch-Praktische Jahr (KPJ) beginnt mit dem ersten Montag im August. Das KPJ umfasst 48 Wochen Pflicht- bzw. Wahlfächer. Für eine durchschnittliche Woche des KPJ (das sind Wochenarbeitstage zur üblichen Tagesarbeitszeit, die sich am Tagesablauf der jeweiligen Abteilung oder Lehrpraxis orientiert) stehen entsprechend 35 Stunden klinisch-praktische Tätigkeit im Rahmen des Klinisch-Praktischen Jahres und 5 Unterrichtseinheiten für den strukturierten Unterricht zur Verfügung. Der von den Fachvertreterinnen/Fachvertretern erstellte Ausbildungsplan enthält eine orientierende Aufteilung der Ausbildungszeiten in den KPJ-Modulen. Die Kontaktzeit mit der Mentorin/dem Mentor (inkl. Zeit zur Leistungsbeurteilung) beträgt im Schnitt 3 Unterrichtseinheiten pro Woche. Der strukturierte Unterricht umfasst für an der Medizinischen Universität Innsbruck angemeldete Studierende auch einen einmal pro Woche stattfindenden, Module übergreifenden Teil von 2 Unterrichtseinheiten.

An Lehrkrankenhäusern und Lehrabteilungen mit kleiner Anzahl von Studierenden kann dieser Anteil an strukturiertem Unterricht zugunsten der Mentorinnenzeit/Mentorenzeit reduziert werden. Die Studierenden beschäftigen sich darüber hinaus selbstständig bzw. angeleitet mit konkreten klinischen Fragestellungen, die sich aus dem Betrieb der Lehreinheit ergeben.

6.2.6 Ausbildungsziele und Erfolgsnachweis

Grundlagen für das Lernen in den Fächern des KPJ sind der Ausbildungsplan und das Logbuch KPJ. Der Ausbildungsplan wird von den Fachvertreterinnen/Fachvertretern erstellt und von der Vizerektorin/vom Vizerektor für Lehre und Studienangelegenheiten genehmigt. Der Ausbildungsplan enthält die allgemeinen Ausbildungsziele, die orientierende Aufteilung der Ausbildungszeit (siehe 6.2.5) sowie eine Auflistung der für die begleitende Beurteilung der praktischen Fähigkeiten mit MiniCEX oder DOPS (siehe 9.1.4) geeigneten Tätigkeiten, die sich auf den österreichischen Kompetenzlevelkatalog für ärztliche Fertigkeiten und ergänzend den MUI-spezifischen Lernzielkatalog beziehen. Den Studierenden ist ausreichend Möglichkeit zum Einüben dieser Tätigkeiten zu geben. Bei diesen Beurteilungen erfolgt eine Score-Bewertung sowie ein strukturiertes Feedback durch die beurteilende Ärztin/den beurteilenden Arzt.

Das Logbuch KPJ ist von der Studierenden/vom Studierenden eigenverantwortlich zu führen, um die Auseinandersetzung mit den aufgeführten Lernzielen an der Ausbildungsstätte zu dokumentieren. Dem Logbuch KPJ sind die Nachweise über absolvierte MiniCEX und DOPS beizulegen. Eine Vorlage für die Erstellung und Gliederung des Logbuchs KPJ ist von der Vizerektorin/vom Vizerektor für Lehre und Studienangelegenheiten zu veröffentlichen. Die Studierenden werden dabei vor allem von einer Mentorin/einem Mentor unterstützt. Mentorinnen/Mentoren sind der Koordinatorin/dem Koordinator eines Moduls an einer Ausbildungsstätte verantwortlich. Für die organisatorischen Belange hinsichtlich Ausbildung und Erfolgsnachweis ist die jeweilige Koordinatorin/der jeweilige Koordinator des Faches zuständig.

Auszug aus dem Annex zur Festlegung des Vizerektors für Lehre und Studienangelegenheiten zum KPJ ab 1. 11. 2013 vom 21. 11. 2013:

Fehlzeitenregelung

48 Wochen KPJ

Die Fehltage müssen mit dem Betreuer/der Betreuerin (MentorIn) abgesprochen und in den persönlichen KPJ-Plan eingetragen werden. Die Fehlzeitenregelung beinhaltet auch Krankenstand, Urlaub etc. Für die 48-wöchige KPJ-Ausbildung sind max 25 Fehltage im ganzen KPJ erlaubt. Eine Meldung an die Abteilung für Lehre und Studienangelegenheiten bzw an das Vizerektorat ist im Rahmen dieser max Fehlzeit nicht notwendig!

Folgende Fehlzeiten sind pro Modul erlaubt:

Modul	**Dauer**	**max erlaubte Fehltage**
■ Wahlfächer I ■ Wahlfach II ■ Allgemeinmedizin	je 4 Wochen	2 Tage
■ Spezialtrack Allgemeinmedizin	8 Wochen	5 Tage
■ Innere Medizin ■ Chirurgische Fächer	je 16 Wochen	10 Tage

Anhang 4

Auszug aus dem Österreichischen Kompetenzlevelkatalog für Ärztliche Fertigkeiten

Kompetenzlevel KPJ-Reife (Klinisch-Praktisches Jahr)

Studierende haben den theoretischen Hintergrund bis zu diesem Zeitpunkt erworben und haben die Fertigkeit zumindest an einem Modell, im Rollenspiel oder an SimulationspatientInnen mit Feedback durchgeführt. Jene Fertigkeiten, die die Studierenden bereits für die Famulaturreife erworben haben, sollten während der Pflichtfamulaturen an PatientInnen durchgeführt worden sein. Manche Fertigkeiten werden auch weiterhin nur in Simulation möglich sein, dann ist dies explizit aufgeführt.

Anamnese/Kommunikation

K1 Erheben zielgerichteter, hypothesenorientierter Anamnese
K2 Erheben einer Anamnese von Dritten
K3 Erheben der psychiatrischen Anteile einer Anamnese
K4 Kommunizieren mit schwerstkranken PatientInnen
K5 Kommunizieren mit sterbenden PatientInnen
K6 Erheben einer Anamnese bei PatientInnen mit speziellen Kommunikationsbedürfnissen, z. B. Sprach- und Sprechprobleme
K7 Erstellen eines Familienstammbaums
K8 Erheben einer reisemedizinischen Anamnese (Erkrankungen nach Fernreisen)
K9 Erheben einer zielgerichteten berufs- und arbeitsplatzbezogenen Anamnese
K10 Erheben einer Anamnese bezüglich der Einnahme psychoaktiver Substanzen, Substanzen mit Suchtpotenzial
K11 Formulieren einer klinischen Fragestellung und zielgerichtete Literaturrecherche zu ihrer Lösung
K12 Informieren von KollegInnen sowie medizinischem Fachpersonal und Vergewissern des gemeinsamen Verständnisses
K13 Dokumentieren von Befunden in der Patientenakte
K14 Beraten von PatientInnen hinsichtlich Lebensstil (Diät, körperliche Aktivität, Ernährung, Rauchen, Alkohol, illegale Drogen)
K15 Richtiges Rezeptieren

K16 Abfragen patientenspezifischer Informationen im Krankenhausinformationssystem
K17 Beurteilen der Gemütslage und des mentalen Status
K18 Durchführen einer Geriatrischen Beurteilung (Assessment)
K19 Adäquates Umgehen mit und Verhalten bei Aggressivität
K20 Arbeiten in einem multidisziplinären Team

Körperliche Untersuchung
K21 Beurteilen der Haut und Schleimhäute (Zeichen für Anämie, Zyanose, Ikterus, Ödeme, Hydration/Dehydration)
K22 Beurteilen der Aufmerksamkeit, des Denkens (Form und Inhalt), der Wahrnehmung, des Affekts und des psychomotorischen Verhaltens
K23 Detailliertes Beschreiben von Hautläsionen
K24 Testen des Dermographismus
K25 Beschreiben des Augenlids nach Ektropionieren
K26 Testen der Berührungsempfindlichkeit der Cornea
K27 Inspizieren und Palpieren der Ohrmuschel und der angrenzenden Region (Mastoid)
K28 Inspizieren des äußeren Gehörgangs und des Trommelfells mit dem Otoskop
K29 Durchführen des Hörtests durch Flüstern, Sprache und Stimmgabel
K30 Palpieren des Mundbodens, der Wangen, der Tonsillen und des Zungengrundes
K31 Inspizieren und (bimanuelles) Palpieren der Parotis und Submandibulardrüsen
K32 Beurteilen der Stimme und Sprache inklusive Erkennen einer Aphasie
K33 Untersuchen der Mobilität, Schmerzempfindlichkeit und Nackensteife
K34 Untersuchen der Knochen, Gelenke und Muskeln des Schultergürtels
K35 Inspizieren und Palpieren der Brüste inklusive der regionalen Lymphknoten
K36 Untersuchen des Abdomens mit Überprüfen des abdominalen Druckschmerzes, der abdominalen Abwehrspannung und des Loslassschmerzes

K37 Palpatives Auslösen abdomineller Flüssigkeitsverlagerung (Aszites)
K38 Untersuchen auf Leistenbruch durch Inspektion und Palpation der Leistengegend/Bruchpforten (auch bei gesteigertem abdominellen Druck)
K39 Externes Inspizieren und Palpieren der (peri-)analen Region
K40 Rektales Untersuchen beim Mann
K41 Inspizieren und Palpieren von Penis und Hodensack (Hoden, Nebenhoden, Samenstrang) inklusive Durchleuchten des Hodensacks
K42 Inspizieren und Palpieren des weiblichen externen Genitale (Vulva, Perineum)
K43 Untersuchen der Wirbelsäule, Mobilität der Wirbelsäule und der paravertebralen Muskeln im Stehen und in Rückenlage (Kyphose, Skoliose, Seitenneigung, Schober-Test, positionsabhängiger Schmerz)
K44 Überprüfen von Spannungsschmerz und Schmerz durch Palpieren, Perkutieren und axiales Komprimieren der Wirbelsäule
K45 Untersuchen des Iliosakralgelenks und des Beckens (Mobilität, Schmerz, Atrophie)
K46 Beurteilen der Form, Funktion, Beweglichkeit und Schmerzempfindlichkeit der oberen Extremitäten (Ellbogen, Handgelenk, Fingergelenke sowie relevante Strukturen und Muskeln)
K47 Beurteilen der Form, Mobilität, Stabilität und Schmerzempfindlichkeit der unteren Extremitäten sowie relevanten Strukturen und Muskeln (Knöchel und Knie, Meniskus, Position der Patella, Patellafunktion, Ballottement)
K48 Untersuchen der Achsen des Beines im Stehen (Genu valgum, Genu varum)
K49 Beurteilen des Fußes im Stehen (Pes planus, Pes valgus)
K50 Beurteilen des Kapillarpulses und der Wiederauffüllung
K51 Untersuchen auf eine arterielle Insuffizienz (Ratschow-Test)
K52 Beurteilen variköser Venen mit Hilfe des Trendelenburg- und des Perthes-Tests
K53 Überprüfen der Funktion kranialer Nerven
K54 Beurteilen der passiven Muskeldehnung sowie Wölbung, Spannungszustand und Kontraktionsstärke von Muskeln und unwillkürlichen Muskelkontraktionen

K55 Auslösen komplexer Reflexe: Abdominal-, Anal-, Masseter-, Schnauz-, Greif-Reflex
K56 Analysieren des Gangbildes (normal, auf Fersen, auf der Stelle hüpfend)
K57 Testen der Koordination (Finger-Nase-Versuch, Knie-Hacken-Versuch, Diadochokinese)
K58 Beurteilen mittels Romberg-Test, Unterberger-Tretversuch
K59 Prüfen der Wiedererlangung der Balance nach Anstoßen
K60 Überprüfen von Berührungssensibilität und mechanischer Schmerzempfindung
K61 Überprüfen von Thermosensibilität, Vibrationsempfindung und Lagesinn
K62 Testen der sensorischen Diskrimination (Stereognosis)
K63 Testen auf meningeale Reizung
K64 Überprüfen des Vorhandenseins zervikaler oder lumbaler radikulärer Zeichen
K65 Überprüfen des Bewusstseinszustandes anhand der Glasgow Coma Scale
K66 Beurteilen der Merkfähigkeit, Mini-Mental-Status-Test, Clock-Test
K67 Inspizieren des weiblichen Genitale mit dem Speculum: Vagina und Cervix (am Phantom)

Prozeduren

K68 Durchführen fortgeschrittener Reanimationstechniken (basale Herzrhythmusalgorithmen; am Phantom)
K69 Abklären und Erstversorgen externer Verletzungen (Wunden, Blutung, Verbrennung, Zerrung, Dislokation, Bruch)
K70 Verabreichen einer intravenösen Injektion
K71 Setzen eines Harnblasenkatheters
K72 Handhaben eines zentralen Venenkatheters
K73 Präoperativ – Vorbereiten des Operationsfeldes für kleine chirurgische Eingriffe (Asepsis, Antisepsis)
K74 Anleiten von PatientInnen zur Gewinnung einer Mittelstrahl-Harnprobe
K75 Durchführen und Bewerten eines Harnstreifentests
K76 Schreiben eines Ruhe-EKG
K77 Durchführen einer Spirometrie

K78 Durchführen eines Rachenabstriches
K79 Anlegen eines Augenverbandes
K80 Applizieren von Augentropfen
K81 Applizieren einer Augensalbe
K82 Durchführen einer Augenspülung
K83 Durchführen der Spülung des äußeren Gehörganges
K84 Reinigen einer Wunde
K85 Nähen von Hautschnitt- und Rissquetschwunden
K86 Anforderungsschein für apparative Untersuchungen (Labor, Bildgebung) ausfüllen

Kompetenzlevel Approbationsreife

Studierende haben sowohl den theoretischen Hintergrund als auch die Fertigkeit zumindest an einem Modell, im Rollenspiel oder an SimulationspatientInnen jeweils mit Feedback durchgeführt. Jene Fertigkeiten, die die Studierenden bereits für die Famulaturreife bzw. KPJ-Reife erworben haben, sollten an PatientInnen durchgeführt worden sein. Manche Fertigkeiten werden auch weiterhin nur in Simulation möglich sein, dann ist dies explizit aufgeführt.

Anamnese und professionelle Gesprächsführung

A1 Ethisch korrektes und professionelles Informieren von PatientInnen und deren Angehörigen unter Wahrung der rechtlichen Bestimmungen und Sicherstellen, dass der Patient/die Patientin die Information verstanden hat
A2 Überprüfen der Compliance
A3 Ethisch korrektes und professionelles Führen eines Telefonats mit PatientInnen und Dritten (unter Beachtung der rechtlichen Bestimmungen)
A4 Aufklären von PatientInnen für eine Einverständniserklärung
A5 Überbringen schlechter Nachrichten an PatientInnen und deren Angehörige (simulierte Situation)
A6 Abfassen von Entlassungs- und Begleitschreiben
A7 Anordnen von Behandlungsmaßnahmen bei Schmerzen, in der Palliativbetreuung und am Lebensende
A8 Ausfüllen eines Totenscheins bzw. Anfordern einer Obduktionseinladung (simulierte Situation)
A9 Zusammenfassen der wichtigsten Punkte bzgl. der Diagnosen,

aktuellen Probleme und des Therapieplans eines Patienten/einer Patientin

A10 Codieren der Diagnosen

A11 Formulieren eindeutiger Anweisungen an das Pflegepersonal zu Überwachungsmaßnahmen und Formulieren der Kriterien für eine sofortige Benachrichtigung

A12 Anwenden von internen, nationalen und internationalen Protokollen, Richtlinien und Guidelines

A13 Schaffen von Lehrsituationen und Weitergabe von Fachinformation, Vorgehensweise und Fertigkeiten an Studierende und medizinische Berufe

A14 Zurückhaltendes Vorgehen bei der Betreuung von PatientInnen mit selbstlimitierenden Erkrankungen

A15 Erheben der Außen- und Fremdanamnese zur Abschätzung der psychosozialen, ökonomischen und hygienischen Situation und der Risikofaktoren für Sturzgefahr

A16 Erkennen von ethisch problematischen Situationen

A17 Kommunizieren und professionelles Umgehen mit geriatrischen PatientInnen

A18 Abschätzen und Handhaben von PatientInnen bei Verdacht auf Selbstgefährdung (ohne Suizidalität)

A19 Kommunizieren und professionelles Umgehen mit Kindern und Jugendlichen und deren Angehörigen mit und ohne geistige Behinderungen

A20 Beraten und Unterstützen von PatientInnen (Empowerment)

A21 Beraten bzgl. Kontrazeption und postkoitaler Schwangerschaftsverhütung

Erweiterte, fachspezifische Untersuchungen

A22 Beurteilen von PatientInnen mit medizinischen Notfällen und nach einem Unfall

A23 Beurteilen von PatientInnen bzgl. der Aktivitäten des täglichen Lebens (basic and instrumental ADLs „Activities of daily living“)

A24 Feststellen des Todes (in einer Lehrsituation)

A25 Beurteilen des Augenhintergrundes (normal und anormal)

A26 Rektales Untersuchen der Frau mit Beurteilen des Anus, Rektums, Douglas Raumes und Uterus/Adnexe (am Modell)